私説
UWF
中野巽耀 自伝

中野巽耀著

辰巳出版

まえがき　〝プロレス〟とは異なる試合だった俺のデビュー戦

１９８４年、俺はＵＷＦに入門した。ここでは新生ＵＷＦと区別するために、旧ＵＷＦと呼ぼう。先輩選手の中には「ユニバーサル」と呼ぶ人もいるが、俺は「旧ＵＷＦ」のほうが何だかしっくりくる。

それはその年の7月の終わりか、8月の頭だったはずだ。俺は道場で藤原喜明さんから次の大会でデビュー戦を組むと告げられた。翌日の大会も含めて、２連戦になるという。

その日まであと3週間ほど時間があるとはいえ、まだ入門してから1カ月ほどしか経過していなかった。先輩方からは、技らしい技は何も教えてもらっていない。要はプロレスの「プ」の字も知らない状態だ。

旧ＵＷＦは旗揚げして間もない団体で、選手数が少なかった。だから、デビュー戦が早まったという事情は理解できる。だが、普通は半年から1年ほどの練習期間を経てから、デビューするものだ。俺はプロレスラーとして初めてリングに立てる喜びよりも、不安のほうが大きかった。試合をするにしても、何をやればいいのか答えが見えなかった俺は藤原さんに直接訊ねた。

「自分は、どうすればいいんですか?」

「普段、スパーリングでやっていることをそのままやればいいから」

そんなことを言われても、俺は普段のスパーリングで藤原さんや前田日明さん、髙田延彦さんにやられてばかり。俺の同期で、デビュー戦の相手となった広松智も同様である。グラウンドになったら抑え込んでくる先輩から逃げるのが精一杯で、関節の極め方はまだ知らなかった。練習ではシングル、ダブルの左右のタックルを教わった程度。他にできることと言えば、入門前に覚えた柔道の投げ技と絞め技くらいだ。

試合用のタイツとシューズは会社側が作ってくれた。これは髙田さんが事務所に伝えてくれたようだ。タイツもシューズも黒。この色のチョイスは新日本プロレスの流れから来ているようだが、なぜかシューズは練習用のものよりも硬い作りになっており、まるで工事現場で履く安全靴のようだった。

試合が決まってからも、俺と広松は日常の雑用を一緒にこなしていた。だが、言葉のやりとりの中にどこか〝ぎこちなさ〟が生じるようになった。元々、広松は口数が少ないタイプではあったものの、必要以上の会話はしなくなった。急に決まったデビュー戦が俺たちの関係性を少しいびつなものにした。

84年8月29日、『ビクトリー・ウィークス』開幕戦。会場は高崎市中央体育館である。ここでの第1試合、10本1勝負のシングルマッチが俺たちのデビュー戦の舞台となった。

俺はデビューが決まったことを両親にも知人にも伝えなかった。入門してからというもの、練習と雑用で慌ただしい生活を送っていた俺には、そこまでの精神的な余裕はなかった。また、見に来てもらうに値する試合ができる自信もなかった。当日、会場に着いても雑用と練習に追われ、かなりバタバタしていたから感慨も特になかった。

試合前には、藤原さんが注射器で耳から血を抜いてくれた。俺の耳は練習で擦れて腫れあがり、カリフラワー状になっていた。それまでにも何度かリングドクターの病院で血を抜いてもらっていたが、まだ皮膚が固まり切っていなかったため、ちょっとした弾みで耳が裂けて血が噴き出してしまいそうになっていた。試合中にそうならないように注射器を刺して血を抜いたのだが、これはメチャクチャ痛かった。

試合当日に至るまで、藤原さんからは「スパーリングでやっていることをそのままやればいい」以外の言葉はかけられなかった。当時はどの団体でも「新人は大技を出してはいけない」、「先輩の得意技を使ってはいけない」といった暗黙の縛りがあったが、そんなことも言われていない。試合直前になっても、特に先輩方や会社の人間から〝指示〟の類は出されなかった。そんな状況で、俺たちはリングに上がった。

どう表現すればいいのだろう。これは多くの人が思い描くところの〝プロレス〟とは異なる試合だった。旧、新生、3派分裂後を含め、そういった試合はU系団体の中にいくつか存在する。俺のデビュー戦も、それらに属するものだ。UWFで初めて行われたそういった試合が俺たちのデビュー戦かもしれない。

そんな言葉は浸透していなかったが、言うなればこの試合は「バーリ・トゥード」だった。ルールが整備された今のMMA（総合格闘技）ではない。まさに何でもありの試合である。藤原さんが特別レフェリーを務めたのは、おそらく俺たちの身の安全を考慮しての処置だったのではないだろうか。

事前にルールの説明もなく、今でもよく分からない。試合中、ロープに触ると、藤原さんに腕を蹴飛ばされたのでロープブレークは禁止だったのだろう。３カウントのフォールもなかったように思う。俺たちはガチガチに硬いシューズを履いて、そういった試合を無我夢中で戦った。

空手がバックボーンの広松は、スタンドの状態で蹴りを入れてきた。あまり覚えていないが、俺はその足を掴んで倒しに行ったような気がする。〝ＵＷＦスタイル〟や〝シューティングプロレス〟といったものがファンの間で認知されるようになるのは、これよりも少しあとになってからのことだ。ＰＲＩＤＥやＵＦＣはおろか、総合格闘技というジャンル自体がなく、まだ誰もそういった試合を見たことがなかった時代。客席からは、「アマレスを見にきたんじゃねえぞ！」とヤジが飛んだ。藤原さんは声の主に向かって、「プロがやってんだ、プロが！」と怒鳴り返した。

広松の蹴りが顔面に当たり、俺の鼻からおびただしい量の血が噴き出すと、ここでようやく観客は反応らしい反応を示した。あんな硬いシューズで蹴られて、よく鼻血だけで済んだものだ。骨折しなかっただけ儲けものである。

結果は時間切れの引き分け。俺は10分間、純粋に勝つことだけを目的に柔道で覚えた技などを出しながらひたすら動きまくったが、スタミナにはまだ余裕があった。

藤原さんからは、「いい試合だった」と褒めてもらえた。控室に戻ると、ラッシャー木村さんは俺の鼻を見て、「大丈夫か?」と心配してくれた。

総合格闘技が台頭してきて、ＵＷＦについていろいろなことが言われるようになった。したり顔で「あれは所詮プロレスだった」などと語るやつが俺のデビュー戦を見たら、どう思うのだろうか。

関節技も打撃の防御も知らない新弟子を〝曖昧なルール〟で対戦させるというのもムチャクチャというか無謀というか、現在では絶対にあり得ないことである。だが、そういったことを体験し、乗り切ってきたからこそ俺は今でも現役を続けられていると思っている。

口の中がザクザクに切れて、その日の晩メシは食いづらかった。

「明日もこういう試合をやらなければいけないのか……」

俺のプロレスラーとしての歩みが、ここから始まった。

G SPIRITS BOOK Vol.11
私説ＵＷＦ 中野巽耀自伝

第１章　ラッシャー木村さんに国際プロレス入門を直訴

俺、本名・中野龍雄は１９６５年６月16日、茨城県下妻市で生まれた。幼少のころは祖父、祖母、親父、お袋、一つ年上の兄貴、俺、二つ年下の弟の７人家族。祖父は元警察官で、昔気質の武骨な男だった。親父も祖父譲りの厳格な性格で、俺はかなり厳しくしつけられた。家族で食事をしていて、少しでも残そうものなら思い切りひっぱたかれる。まさにリアル星一徹。ちゃぶ台をひっくり返すようなことはなかったが、けっこう頻繁に手は飛んできた。

我々の年代にとって、これは特に厳しい部類に入るものではなく、わりと当たり前のことだった。俺は親父に殴られるのが嫌で、ある時期から家族とは食事の時間をずらすようにした。子どものころの嫌な思い出があるので、今でも実家に帰ったら親父とは一緒にメシを食わず、一人で食うようにしている。

遊び相手になってくれたのは祖母で、俺はいわゆる〝おばあちゃん子〟だった。それが何歳の出来事だったか記憶は定かではない。ただ、そのことは今でもしっかりと覚えているので、もう物心は十分についているころだ。

ある日、祖母が台所で鶏を解体している場面に遭遇した。スーパーなどで売られているモモ肉や胸肉などではなく、鶏一羽を丸ごと解体していた。それはおそらく実家で飼っていた鶏だった。絞めて、首を落として、血を抜いて、羽をむしって、蒸して……。ディテールは覚えていないが、多分そういった作業をやっていたんだと思う。鶏を解体する光景そのものは昭和40年代の茨城ではさほど珍しいことではなかったのかもしれないが、俺は熱湯の中で微動だにしない鶏に「生命の余韻」みたいなものを感じた。

以来、肉が全く食えなくなった。肉を食おうと思えるようになったのは、プロレスラーになることを志してからである。それまで俺のタンパク源は、もっぱら魚だった。鶏肉に関しては、いまだに口にすることができない。

良く言えば、俺は感受性の強い子どもだった。悪く言えば、神経が繊細で、ちょっとしたことにもネガティブな影響を受けやすい子どもだったと思う。その繊細さは、俺とプロレスとの距離をかなり遠ざける要因にもなった。

4歳か5歳のころだ。俺は祖母に連れられて、近所の家に行った。そのとき、居間にあったテレビに映し出されていたのがプロレスだった。

誰と誰の試合だったかは思い出せない。ただ、場外乱闘の最中、でかい外国人レスラーが日本人レスラーを血だるまにするシーンが俺の脳裏に鮮烈に刻み込まれていった。

「嫌なものを見てしまった」

真っ赤に染まった日本人レスラーの顔を見て、俺はプロレスというものにマイナスの印象を抱いた。一種のトラウマなのだろう。それからというものプロレスには一切、関心を向けることはなかった。好きか嫌いかで言えば、嫌いになった。鶏を解体しているところを見て鶏肉が食えなくなってしまったように、俺は生活空間の中にプロレスが入ってくることを拒否するようになった。

とはいえ、この時代はマンガやテレビの影響で空手や柔道などの格闘技に興味を持つ子どもが多かった。俺もご多分にもれず、いつか柔道か空手を習ってみたいと思っていた。小学校のころのヒーローは、〝和製ブルース・リー〟倉田保昭さん。当時、『闘え!ドラゴン』という倉田さんが主演のテレビドラマが放送されており、俺はその鋭い目つきとアクションが大好きで毎週テレビにかじりついて見ていた。ファッションにも憧れ、倉田さんのマネをして白いジーンズを穿いたりしたものだ。

小学校6年生のころには町に柔道の道場ができ、俺はそこに通うようになる。俺が本格的にスポーツに取り組むようになったのは、ここからだ。中学の部活も柔道部。その時期は夕方には学校で、夜は町道場で柔道の練習に励む毎日だった。

プロレスはと言うと、このころはまだ相変わらず自分から遠ざけようとしていた。金曜日の夜7時半、当時の10チャンネルではスポ根もののドラマが放送されていた。その番組が終わると、8時からは新日本プロレスの中継『ワールドプロレスリング』がスタートする。スポ根ドラマを見ていた俺は、オープニング映像でアントニオ猪木さんがファイティングポーズを取る姿が映し出されると、そこでチャネルを替えていた。それが金曜夜8時のルーティンだった。

しかし、その日はなぜかチャンネルを回すのが面倒臭く、そのままなんとなくオープニングを最後まで見終えてしまった。CMが明けたあと、画面に登場したのは藤波辰巳（現・辰爾）さんだった。俺が中学1年生くらいのときだったので、78年か79年だろう。藤波さんがニューヨークでWWWFジュニアヘビー級王座を獲得して凱旋帰国を果たし、ドラゴンブームを巻き起こしていたころだ。

大きくて動きがのろい大男たちが反則おかまいなしで殴り合い、蹴り合う。乱暴の限りを尽くして、相手を血だるまにする。俺にとってプロレスはそんなイメージで、とてもじゃないがスポーツのカテゴリーに入るものとは思えなかった。

だが、藤波さんの試合は俺が抱えていたプロレスのイメージを一瞬にして破壊してしまった。綺麗な技を放ち、反則もせず、正々堂々と戦って、正々堂々と勝つ。そして、筋肉質な体が何よりも格好良かった。

俺の目は藤波さんにくぎづけになり、その1試合だけでプロレスの印象ががらりと変わった。それからというもの、金曜の夜8時に『ワールドプロレスリング』が始まってもチャンネルを替えるどころか、俺はかなり熱心なプロレスファンになっていった。

新日本の中継は毎週欠かさず見るようになり、藤波さんだけでなく、猪木さんにも興味を持つようになった。初めて買ったプロレス雑誌は、猪木さんの特集が組まれたデラックスプロレス。藤波さんへの関心も冷めることがなく、その姿が大きく載ったプロレス雑誌は迷わず購入した。記事を読んでみると、藤波さんは中学校を卒業して、すぐに日本プロレスに入門したという。俺の中でプロレスラーになりたいという気持ちの輪郭が徐々に形成されていった。

部屋の一番目立つところに、藤波さんのポスターを張った。富士山が刺繍されたガウンを着て、WWFジュニアのベルトを腰に巻いている写真だ。他にも猪木さん、ボブ・バックランドと俺の部屋の壁は憧れのレスラーたちのポスターで埋められていく。

同時に土曜日の全日本プロレスの中継も見るようになった。ただ、土曜日の夜8時は町道場の柔道の練習時間と重なっていたので、毎週欠かさず見ていたというわけではない。今も印象深いのは、79年のチャンピオン・カーニバル公式戦で組まれたアブドーラ・ザ・ブッチャーとドス・カラスのシングルマッチ。ドス・カラスのフライング・ボディアタックをブッチャーが地獄突きで迎撃して、毒針エルボー一発でフォール勝ちした。直後にジャンボ鶴田さんが駆けつけてブッチャーと大乱闘。この試合は、やけに心に残っている。

よくよく考えてみたら、かなり以前に日本テレビで『おはよう！こどもショー』という子ども向け番組が放送されていて、ミル・マスカラスの特集が組まれたことがあった。まだ俺はプロレスに興味を持っていなかったので、なんとなく画面を眺める程度にしか見ていなかったのだが、あとになってドス・カラスがあの『おはよう！こどもショー』で特集されていたマスカラスの弟であることを思い出し、そこから関心を持つようになった。

子どもだったので当たり前と言えば当たり前なのだが、俺にとってプロレスの入り口は「強さ」というよりも「格好良さ」だった。藤波さんしかり、マスカラスしかり。もちろん、『スカイハイ』のシングルレコードも買った。「フライング・クロスチョップは本当に痛いのかな？」と思ったりもしたが、そんな疑問を忘れさせてくれるくらいマスカラスは入場シーンだけは格好良かった。

初めて生で観戦した団体は、新日本でも全日本でもなく、中学3年生のときに見に行った全日本女子プロレスだ。会場は実家からクルマで30分ほどのところにある八千代市総合体育館。厳しい家庭ではあったが、プロレスに熱中していることに関しては祖父からも親父からも何も言われなかった。当時の全日本女子プロレスはジャッキー佐藤がエースで、他には池下ユミとマミ熊野のブラック・ペア、ナンシー久美、モンスター・リッパーなどが上がっていた。女子プロレスならではの華麗な戦いに魅せられた……というよりも、俺はナンシー久美の顔がタイプで、それを目当てに会場に行ったのはここだけの話だ。

国際プロレスは月曜夜8時に放送されていたはずだが、見たことはない。ただ、プロレス雑誌は読んでいたので、ラッシャー木村さん、アニマル浜口さん、マッハ隼人さんといった上京後に知り合うレスラーたちのことは、この当時から知っていた。団体のエースだった木村さんは、のちに俺の人生において重要な登場人物になる。

そんな感じでプロレスの魅力に取りつかれていった俺だが、ある日、プロレスラーになることを決意する決定的な瞬間が訪れる。お袋が何気なく口にした言葉が俺に決断を促した。

「龍雄は次男なんだから、いつかこの家から出ないといけないんだよ」

このことは雑誌のインタビューでも語ったことがあるのだが、それを読んだお袋は親戚に「そんなこと言ったかな?」と漏らしていたようだ。大人には何気ない一言であっても、子どもはそこに非常に重たい意味を感じ取る場合がある。俺はその言葉をかなりシリアスに受け取った。

かといって、悲しくなったり、寂しくなったり、そんなマイナスの感情にとらわれたわけではない。元々しつけに厳しい家庭だったので、「ああ、そうなんだ」くらいにしか思わなかった。家を出るということは、自分一人で生きていく道を探さなければいけないということである。藤波さんが中学卒業後すぐにプロレスラーになったことを知ったのは、そのころだった。

「よし、俺もプロレスラーになろう」

そんな思いに駆られた俺は、この時代に同じ夢を見ていた少年たちの誰もがそうしたように、ヒンズースクワットなどの自主トレーニングに励むようになる。プロレス雑誌を読み漁っていたので、「道場の練習では床に汗の水たまりができる」、「血尿が出るのは日常茶飯事」といった情報は頭にインプットされていた。

地獄のような練習に耐えるには、今のうちから地獄に慣れておく必要がある。実家から少し歩いて林を抜けたところに、学校のグラウンドほどの広さがある原っぱがあった。俺はわざわざ炎天下の日を選んで、そこで走った。猛烈な暑さの中、広い原っぱを10周。こういった特訓がプロレスに直結するかどうかはさておき、俺はとにかく入門後の練習に耐え抜くため、できるだけキツい環境でトレーニングを行うようにした。

だが、周囲の反応は極めて冷ややかなものだった。両親は俺が「プロレスラーになりたい」と口にしても、その言葉にまともに耳を貸してくれない。親父には、はっきりと「お前には無理だ。もしなれたとしても、すぐに挫折して、そのあとはヤクザもんにしかなれない」と言われた。

「なんでそんなことを言われなきゃいけないいんだ？　だったら、絶対になってやる！」

俺の反骨精神に火が点いた。とはいえ、いざプロレスラーになろうと決心しても、その方法がよく分からない。そもそもこのころは新日本プロレス、全日本プロレス、国際プロレスの3団体しかなく、練習生の募集というものもほとんど行われていなかった。今とは違い、「プロレス」という世界の敷居がとてつもなく高かった時代だ。

だが、俺の決意は固かった。中学校での進路希望相談。どちらを第一志望にしたかは忘れたが、俺が用紙に「新日本プロレス」、「全日本プロレス」と書いて提出すると、担任の先生は一笑に付した。

無理もない。当時の俺の体重は、たった58キロ。プロレスラーになるには、体格的に無理があった。親が俺の言葉を真に受けなかったのも頷ける。身長170センチ、体重58キロの少年が目の前に現れて、いきなり「プロレスラーになりたいんです！」と言われたら、今の俺でも「お前はプロレスをナメてるのか？」と怒るだろう。

その数日後、家庭訪問があり、実家にやって来た先生にお袋は「うちの子がプロレスラーになりたいと言っているんです」と相談した。そこでようやく俺の本気度が伝わったのか、翌日、俺は休み時間に職員室に呼び出され、先生にこう言われた。

「本当にプロレスラーになりたいのか?」

「はい!」

「プロレスは体が大きな人間がやるものだ。それに練習も厳しいぞ。お前みたいな小さいやつがプロレスラーになれるわけがないだろう」

俺は特に言い返さなかった。だが、俺の決心が固いことが伝わったのか、後日、先生は履歴書を書いて全日本プロレスに送ってくれた。

全日本からは封書で返事が来た。答えは、もちろん「NO」だ。そこには、「コーチのグレート小鹿にも相談しましたが、年齢も若すぎるので応じかねます」というような趣旨のことが書かれてあった。先生に相談すると、「事務所に直接、電話して聞いてみろ」とアドバイスされ、その通りにしてみたが、結果が覆ることはなかった。

さて、どうするか。新日本プロレスは選手数が多く、かなり狭き門だ。子どもながらにも、新日本に入るのは無理だろうとは薄々思っていた。しかし、プロレス団体に入門しないことにはプロレスラーにはなれない。残る選択肢は一つだ。

俺の親戚の知人に、下妻市の市議会議員を務めている人がいた。その人は若いころに日本プロレスのスポンサー企業だった三菱電機に勤めていて、かなり昔からプロレスに関わっていた。国際プロレスが下妻に巡業に来たときには選手を招いて食事会を開いていたそうで、両親とも話した結果、その人に頼んでみようということになった。

このころには両親も俺の気持ちに理解を示しており、その人の自宅まで同行してくれた。市議会議員さんは俺の熱意を感じたのか、「国際プロレスの後援者を通じて団体に話をしてみるよ」と、ありがたい言葉をかけてくれた。

中学卒業を控えた冬――。俺は市議会議員さん、両親と一緒に国際プロレスの大会が行われている後楽園ホールに向かった。市議会議員さんがラッシャー木村さんと会う機会を作ってくれたのだ。

俺たちは試合前の控室に通された。プロレスラーになりたいこと、国際プロレスに入門したいことを伝えたが、木村さんは大きな背中をこちらに向けたまま話を聞いていた。一度も振り向くことがなかった木村さんの姿を見て、俺は答えを悟った。

81年、それはちょうど国際プロレスが解散した年である。俺が後楽園ホールに行ったのは東京12チャンネル（現・テレビ東京）のレギュラー中継が終了するか、しないかといった時期だった。普通に考えて、こんなときに新弟子、ましてや体重58キロの小柄な子どもなんか採らないだろう。1週間後に国際プロレスから送られてきた返事は、やはり「NO」だった。これでプロレスラーになる道は完全に閉ざされた。

「高校だけは絶対に出ておけ」

相談した全ての大人たちに、そう言われた。同級生たちもプロレスラーになると言っている俺をうわべでは応援するものの、「どうせなれっこない」と思っていたはずだ。少しオーバーな表現になるが、俺は全員が敵だと思った。見返すためには、何がなんでもプロレスラーになるしかない。だが、全日本プロレスも国際プロレスもダメ。新日本プロレスにも入れそうにない。もはや八方塞がりだ。

だが、市議会議員さんに結果を報告しに行ったとき、思ってもいなかった提案をされた。

「知り合いにラッシャー木村さんとつながりがあって、国際プロレスを応援している社長がいる。その人の会社で働きながら、夜は遠藤ジムに通って体を鍛え、下積みを積んでから入門してはどうかな?」

全く迷いはなかった。俺はその社長を紹介してもらい、中学を卒業すると同時に上京した。

両親からは「頑張って」という声はかけられなかったと思う。逆に、お袋からは「プロレスラーになるまで家に入れないからね」と言われたような気がするが、そんなことを言われなくても、俺だってオメオメとは戻れない。

お世話になったのは、東京の墨田区にある婦人靴を製造する会社だった。

俺が担当したのは仕上げと梱包。婦人靴というものは、裁断や縫製の過程で皺ができてしまう。その皺を熱風で伸ばし、特殊な液体で靴底を綺麗に磨いて、箱に詰めて積み上げていく。職人技のような細かな技術は要求されない部署だったので、俺は1カ月ほどで仕事を習得できた。そのときの感覚は今でも覚えていて、他人の革靴を見ると「あの皺の伸ばし方は……」なんて考えてしまう。

寮は同じ墨田区内にあり、二段ベッドが置かれた4人部屋に社員3人で住んでいた。勤務時間は朝8時半から夕方5時までで、給料は確か7万円だったが、寮費はタダ。寮では大きなジャーで炊かれたご飯が食い放題だったので、メシに困ることもなかった。

同じ茨城出身ということもあり、社長は俺のことをかわいがってくれた。入社翌日には錦糸町の遠藤ジムへ一緒に行き、入会手続きも済ませた。入会金や月会費なども社長が支払ってくれたから、本当に今でも感謝している。この日、ジムに出向く前にはロッテ会館で木村さんと合流し、３人で食事をしたのだが、社長にステーキをご馳走してもらった。そのころには鶏以外の肉は食えるようになっていて、改めて「ステーキってうまいな」と思ったことを覚えている。

木村さんは、チェックのジャケットに黒のズボン。ずっと黙ったまま食事を続け、その寡黙さが俺には怖かった。それに本物のプロレスラーは、とにかくでかい。目の前にいる木村さんをチラ見しながら、俺は「こんな大きな人と戦えるのだろうか……」と少し不安になった。

俺は翌日からさっそく、自転車で遠藤ジムに通った。ここは国際プロレスのレフェリーだった遠藤光男さんが経営する老舗のボディビルジムである。それまでも実家では鉄アレイを手にウエイトトレーニングらしきことをやってはいたが、正しい鍛え方というものは分かっていなかった。ジムでは遠藤会長が直接指導に当たることはなく、専属のコーチが教えてくれた。初めて挙げたベンチプレスは、40キロくらいだったはずだ。

遠藤ジムには、アニマル浜口さんもよくトレーニングに訪れていた。浜口さんはベンチプレスなどはほとんどやらず、ヒンズースクワット、特にジャンピングスクワットをやっていた。

浜口さんは「練習の虫」と言われていたが、本当にその通りで自重トレーニングを中心にジムでみっちりと自分をいじめ抜いていた。

誰から聞いたのか、浜口さんは俺がプロレスラーを目指していることを知っていた。ある日、俺は浜口さんに声をかけてもらい、ジムのマットエリアでグラウンドの練習をさせてもらったことがある。四つん這いのパーテールポジションになった浜口さんを俺が攻めてみたり、逆に浜口さんが俺の体勢を崩してみたり、マススパーのようなものをしていると、その最中に浜口さんの攻めをパッと切り返すことができた。直後の浜口さんのニヤリとした顔がとても印象に残っている。プロレスの門を叩くに値する人間かどうか、俺は試されていたのだろうか？

16歳のころ、墨田区の婦人靴製造会社の社員旅行でのショット。親元を離れ、「世間の一般的な10代のやつらとは違うぞ！」というプライドを持って生活していた。

だが、国際プロレスは俺

が上京した年の8月に解散してしまった。これは俺を受け入れてくれる可能性があった唯一の団体が消滅してしまったことを意味する。しかし、俺の中には茨城の実家に戻るという選択肢はなく、トレーニングを続けること以外の手段を思いつかなかった。

しだいに重たいウエイトを挙げられるようになってくると自信もつくし、体も大きくなっていく。遠藤ジムに入会した翌年、俺は先輩の勧めでボディビルのコンテストに出場することになった。しかし、俺がジムに通っているのは体を大きくするためである。コンテストに出るからには減量して脂肪を落とし、筋肉にキレを出さなければいけない。少し迷ったが、俺はひとまず減量せずに参加することにした。

出場したのは千葉県選手権という大会。ジュニアというカテゴリーがなかったので舞台では大人たちと一緒に並ぶことになったのだが、出場者の中で17歳の俺が一番若かったため「最年少者賞」という賞をもらえた。

このときのボディビルへの挑戦では、肉体を変化させることの大変さを思い知った。体を変えるというのは、そう簡単にできるものではない。遠藤ジムで教わったことは、プロレスの世界に入ってから大いに役立った。体を作るには、そのための正しい方法論を知る必要がある。

俺はそれを遠藤ジムでしっかりと学んだので、プロレスに入ってからはウエイトトレーニングに費やす時間を短縮でき、その分を技術練習に充てられた。

余談だが、新生ＵＷＦのころにはベンチプレスは１６０キロを2発挙げられるようになった。その時期、前田さん、髙田さんもウエイトトレーニングは熱心にやっていたし、藤原さんもああ見えてバーベルスクワットに精を出していた。藤原さんは筋骨隆々のタイプではないが、見た目以上に力は強い。

話を遠藤ジム時代に戻そう。ボディビルのコンテストに向けてトレーニングしていたころ、俺は経済的な理由でお世話になっていた婦人靴の会社を退社した。ジムのコーチから筋肉を大きくするために1カ月で1キロのプロテインを3袋は飲むように言われていたのだが、それを買うのは俺自身だ。1袋の価格は５０００円〜６０００円。それを3袋ということは、1カ月で2万円近い出費になる。7万円の給料でやりくりするのは、少々しんどいものがあった。

俺は社長に事情を話して円満に退社し、ジムの先輩を頼って鉄筋関係の会社で働くようになった。寮も出て、墨田区の八広に自分でアパートを借りた。仕事はいわゆる肉体労働で、日当は９０００円。月に25日は働くので、10代の俺にとってはかなりいい金になった。

その先輩は、よく〝遊び〟にも連れて行ってくれた。多くの人が大人になってから覚えるようなことをこのころに経験し、満足のいくまで遊び尽くしたので、俺はある程度の年齢になってから酒や女で身を亡ぼすようなこともなかった。

俺が上京した81年は、新日本プロレスが空前のブームを起こした年だ。4月にはタイガーマスクがデビュー。俺とさほど身長が変わらないタイガーマスクの登場には衝撃を覚えた。一見すると飛び技を駆使する派手なレスラーのように思えるが、カール・ゴッチさんの元で修行を積んだだけありレスリングも本格的だった。そのころ、すでにかなりのプロレス通になっていた俺はなんとなくではあるものの、その正体が佐山聡さんであることを見抜いていた。

秋にはラッシャー木村さんもアニマル浜口さんと寺西勇さんを引き連れて、新日本のリングに参戦してきた。就職してからも『ワールドプロレスリング』は毎週欠かさずチェックしていたが、お世話になった木村さんが負ける姿は見たくなく、猪木さんと新国際軍団の抗争は複雑な思いで眺めていた。

82年になると、藤波さんと長州力さんの〝名勝負数え唄〟がスタートする。この時点でも藤波さんは俺の憧れの対象であり、2人の対決ではやはり藤波さんを応援した。だが、ラリアット一発で相手を倒す長州さんのファイトにも感じるものがあった。藤波さんが勝つときはローリング・クラッチ・ホールドなど丸め込み系の技が多い。対する長州さんは豪快なラリアットでフォールを奪う。

「本当の強さとは、こういうものなのかもしれない」

俺はプロレスラーの「格好良さ」だけでなく、「強さ」という価値観にも魅力を感じるようになっていた。

若手だった前田さんが凱旋帰国して、一気に頭角を現したのもこのころだ。あれだけの長身で、空手仕込みのキックやゴッチさん直伝のスープレックスも使いこなす。83年夏の『IWGP決戦リーグ』では猪木さんの卍固めに屈してしまったが、「この選手は強いんだろうな」と思わせるものがあった。

そのあとには、髙田さんの試合もテレビ中継でたまに流されるようになった。当時は「元気のいい若手」というイメージ。あのまま新日本に残っていれば、WWFジュニア王者になっていたのではないだろうか。

このころ、俺を強烈に惹きつけていた選手が藤波さん以外にもう一人いる。タイガーマスクにとって最大のライバルだったダイナマイト・キッドだ。

キッドのことは、藤波さんとジュニアのタイトルを争っていたころから気になっていた。キッドが初めて新日本に参戦した80年1月のシリーズでジュニアの主役はスティーブ・カーンだったが、キッドのほうが目立つ活躍を見せていた。俺の中で藤波さんのジュニア時代のベストバウトは、80年2月5日、愛知県体育館で行われたキッドとの防衛戦になる。

ちなみに、俺が見てきた中でタッグマッチのベストバウトは89年1月、全日本プロレスの後楽園ホール大会で実現したブリティッシュ・ブルドッグスvsマレンコ・ブラザーズ戦だ。当時の俺は新生UWFに所属していたが、この試合がどうしても見たくて、関係者にチケットを頼んでこっそりと会場に足を運び、生で観戦しようと思ったほどだ。このタッグマッチは、今でも映像を見返すことがある。

俺は肉体労働を続けながら、熱心にプロレスを追い続けた。しかし、国際プロレスが潰れた今、これから俺はどうすればいいのか……。そんな進むべき道筋を失いかけていた時期に旗揚げされたのがユニバーサル・プロレスリング、いわゆる旧UWFだった。

84年4月11日、大宮スケートセンターで新団体が産声を上げたことは知っていた。テレビ中継がなかったので試合を見たことはなかったが、木村さんが参加していたから旧ＵＷＦのことはなんとなく気になっていたのだ。

「その団体が新人を募集しているみたいだぞ。受けてみたら?」

新聞に掲載されていた告知を見つけ、俺に教えてくれたのは遠藤ジムの先輩だった。俺は急いで履歴書を事務所に郵送し、備考の欄には以前に国際プロレスの会場で木村さんにご挨拶させていただいたこと、上京して木村さんにお世話になったことを書き添えた。あとで知ったのだが、俺のことを木村さんはちゃんと覚えていて、事務所の人に口添えしてくれたようだ。

団体からの返信には、入門テストの日付と場所が記されていた。84年6月30日、俺は新宿にあった旧ＵＷＦの事務所へと向かった。

第2章　『無限大記念日』前夜――旧UWFの門を叩く

通知が届いてから入門テスト当日までは、2週間ほどしかなかった。準備期間らしい準備期間は取れない。ヒンズースクワットや腕立て伏せなどは日頃からやっていたが、それ以外にテスト対策としてできるのは、体調を整えることと体重を増やすことくらいだ。肉体労働をしている場合ではなく、少しでも体力を温存してテストに臨めるように1週間前には「親の体調が悪いから実家に帰る」と伝えて会社を辞めた。プロレスラーになるとは言いづらかったので適当な嘘をついて退社したわけだが、そうやって戻る場所をなくして自分を追い詰めた。さらに体重増加とエネルギーの補強を狙って、焼肉の食い放題に通った。それが結果につながるかどうかは分からない。ささやかな努力ではあるが、何もしないよりマシだろう。

旧UWFの第1回入門テストの日。何をやらされても最後までやり通す。絶対に音を上げない。そんな覚悟を持って旧UWF事務所へ行くと、志願者は俺を含め15人くらいおり、遠藤ジムからは中村吉佐という男も参加していた。彼はプロレスラーになることは叶わなかったが、のちにリングアナウンサーとしてＷＡＲ、冬木軍に関わるようになる。

そこには木村さんもいた。

「この中に中野君はいるか？」

俺が「はい！」と返事をすると、木村さんは「おおっ！」と目を細めた。錦糸町のロッテ会館で食事をして以来の再会だ。

新宿の事務所から試験場までは、マイクロバスで移動した。バスの手配と運転は、旧ＵＷＦのリング屋さんだったＹＭエンタープライズが担当していた。当時はまだ旧ＵＷＦの道場はなかったので、テストは合気道か何かの道場を借りて行われた。到着した瞬間、俺は不安と緊張が入り混じった今まで経験したことのない感情に襲われた。

試験官は藤原さんで、付き添いとしてリングアナウンサー兼スタッフの神真慈さんも現場に来ていた。そう、新生ＵＷＦで社長を務めた神さんである。旧ＵＷＦは旗揚げして間もない今で言う〝インディー〟のような団体だった。この１９８１年６月の時点では、ＵＷＦスタイルなるものもまだ誕生していない。入門志願者はやはり新日本、全日本には入れないような人間がほとんどだ。俺たちを見た神さんが「なんだ、みんな小さいな」とポツリと漏らしたが、確かに身長が180センチを超えるやつはそこにはいなかった。

テストはヒンズースクワット500回からスタート。藤原さんは自分もこなしながら、志願者たち一人ひとりを目で追っている。おそらく、その段階である程度、合否を見極めようとしていたのだろう。俺は藤原さんに視線を向けたままスクワットをやり続けた。回数が進むにつれて、他の志願者たちは次々と脱落していく。中には100回に満たない回数で諦めてしまう者もいた。

俺は藤原さんと目が合っても絶対に逸らさなかった。藤原さんは500回を終えてもまだ数え続けていたので、最終的に何回やったのかは分からない。最後まで生き残ったのは5人ほど。俺としては、まだ余力があった。次は何だ？　腕立て伏せか？　こちらが構えていると、藤原さんはこんな言葉を俺たちに向けてきた。

「お前と、お前と……、そしてお前は残れ。あとの人たちは、もう帰っていいから」

残れと言われたメンバーには俺も入っていた。だが、それはどういう意味なのか？　事態を飲み込めなかった俺は、藤原さんに確認した。

「不合格ですか？」

「いや、お前は合格だ。これから、頑張れよ」

基本的に藤原さんは面倒臭がりな人なので、本来ならもっといろいろな種目をやらせて能力や体力を判断するのだが、スクワットをやっている最中の顔つきや雰囲気を見て、直感で合格者を決めたようだ。後日、藤原さんは「お前は絶対に残ると思っていた。土佐犬のような顔つきをしていたからな」と言っていた。

しかし、まだスタートラインに立てたわけではない。本当に大変なのは、これからだということは分かっている。テスト終了後、俺たちは再びマイクロバスに乗って新宿の事務所に戻った。運転手さんは、隣に座っていた合格者に「入門したら、こんなもんじゃないからね」とボソッとつぶやいた。

「そうだろうな……」

内心そう思いながら、俺は全く浮かれた気分にはなれなかった。

ここから練習生として、俺の新しい生活が始まる。旧ＵＷＦの合宿所は、渋谷のＮＨＫセンターの裏にあった。名前は「まるみや荘」だったような気がする。ここは新間寿さんに誘われて旧ＵＷＦにスタッフとして参加した人が経営していたアパートだった。

俺は合格した翌日に遠藤ジムへ出向き、遠藤会長に結果を報告した。会長からは「おお、良かったな！　じゃあ、お祝いにメシでも食いに行こう」と言われたが、「実家に帰って親にも報告しないといけないので」とお誘いを断り、すぐに茨城へと向かった。

両親、そして市議会議員さんにも報告し、そのあとになってしまったが、お世話になった婦人靴メーカーの社長にも挨拶を済ませた。住んでいたアパートも引き払い、あとは入門するだけである。

入寮初日の午前中、合宿所に行く前に事務所に寄ると、神さんから紙を手渡された。そこにはヒンズースクワット、腕立て伏せ、ブリッジなど練習メニューが書かれてあった。藤原さんからの伝言だという。「まだ道場がないから、これをやっておけ」ということらしい。

神さんのクルマで事務所から渋谷の合宿所まで送ってもらうと、そこには広松智という男がいた。同じ日にテストを受けて同じ日に入寮した完全な同期とはいえ、広松は3つ年上だったので俺は敬語を使った。

「練習メニューを預かってきました。藤原さんがこれをやっておけ、ということです」

「じゃあ、代々木公園でやりますか」

俺たちはアパートから公園まで歩いて行き、藤原さんから指示された全てメニューをやり終え、今日の練習は終了。クタクタになった体を引きずるようにアパートに戻ると、まるで俺たちを待ち構えていたかのように電話がけたたましく鳴った。

「これから練習するから、新大久保のスポーツ会館まで来い」

声の主は前田さんだった。何なんだ、このタイミングは⁉　これから来いと言われても、こっちは先ほど練習を終えたばかりだ。「参ったな……」と思いながらも、従うこと以外の選択肢を持たない俺たちは山手線に乗って新大久保駅へ。しかし、指示されたスポーツ会館に到着すると、前田さんの姿はなく、現れる気配すらない。

1時間は待っただろうか。ようやく姿を見せた前田さんは、片手に竹刀を持っていた。インパクトが強すぎる登場シーンである。その横には髙田さんの姿もあった。

前田さん、髙田さんとはこのときが初対面である。挨拶もそこそこにスポーツ会館の中へ入ると、最初にやらされたのはほんの数時間前に代々木公園でやったばかりのヒンズースクワット500回。続いて、腕立て伏せ、腹筋、左右のシングルタックル。「回数を数えろ」と言われたので、その通りにしていたら、前田さんから「声が小さい！」といきなり竹刀でぶん殴られた。

周りにいた他の会員さんたちはドン引きしており、冷たい視線が俺たちに突き刺さる。前田さんは、その場に飛んできた施設のスタッフから「他の会員様のご迷惑になりますので、そういうことはやめてください」と強い口調で注意を受けた。俺が覚えている入寮初日の練習は、ここまで。このあとに何をやらされたのかは全く覚えていない。

練習が終わったあとは、前田さんと髙田さんに食事に連れて行ってもらった。

「この世界では一日でも早く入門した者が先輩やからな。たとえ先輩が年下でも、後輩として接するように。ただ、相手が誰であろうと、親のことをバカにされるようなことがあったら、そういうときはやってしまえ」

そこでは前田さんから、こんなニュアンスのことを言われた。プロレス界の秩序、絶対に守るべき人間としての自尊心。前田さんが話す横で、髙田さんは黙って頷いていた。

その日の夜か翌日の朝に、もう一人の合格者が寮にやって来た。試験当日に合格者は5人ほどいたが、入寮したのはこの3人だけ。このあとに合宿所に来たものの、練習もせずに次の日の朝にはいなくなっていたやつもいた。

俺たちが住んでいた部屋は、4畳半くらいの広さだった。合宿所として使用していた1階には4部屋あったが、練習生が3人しかいなかったため、みんな1人部屋になったのはありがたかった。

入寮2日目、今度は二子玉川の厚生年金スポーツ会館に呼び出された。あまり記憶がないものの、多分前日のような練習をやらされたはずだ。そのあとは例によって前田さん、髙田さん、俺たち3人で食事へ。ここでもプロレス界の洗礼を受けた。

かつ丼、天丼、チャーハンといった感じで一人につき3品が注文され、これがノルマ。しかも、全てを食べ終えるまで合宿所に帰ってはいけないという。前田さんたちは自分の食事を軽く済ませると、「ええな、全部食えよ。あとでお店の人に確認するからな」と言い残して、その場をあとにした。俺たちは練習で体力を消耗し切った状態だから、なかなか食が進まない。店員さんも気を遣ってくれ、「内緒にしといてあげるから、無理して食べなくていいよ」と言ってくれた。広松ともう一人の練習生はその言葉に甘えたが、俺は注文した卵丼、天丼、もりそばを意地になって完食した。練習でもメシでも、他の2人には絶対に負けたくなかったからである。

練習場所を指定する電話は、いつも当日の朝にかかってきた。連絡してくるのは前田さんだけではなく、剛竜馬さんから電話がかかってくる日もあった。

道場が完成するまでの間、俺たちは前田さんと髙田さん、もしくは木村さんと剛さんのどちらかのグループから呼び出された。剛さんから連絡があり、そのあとに前田さんから電話がかかってきた場合は、業界で先輩にあたる剛さんを優先していいとのことだった。どこに行って、どんな練習をやらされるのかは当日の朝まで謎。電話のベルが鳴ると、俺はいつも憂うつな気持ちになった。

ある日、剛さんから湘南のトレーニングジムに来るように指示された。渋谷から湘南まては結構な距離があり、移動にも時間がかかる。しかも、現地に到着したら地獄のような練習が待っている。電車内では、みんな無言。沈黙したまま、長い時間をやり過ごした。誰かが「行くの、やめないか?」と、そんな言葉を口にしそうな雰囲気だった。

剛さん、木村さんとの練習はそのときが初めてだった。木村さんは「入れて、良かったな。頑張れよ」と優しく声をかけてくれた。

その一方、正直に言えば、剛さんはちょっと面倒臭い人だった。俺たちに課したメニューは、ヒンズースクワット1000回。ただし、剛さん自身は絶対に一緒にやらずに、見ているだけだった。

練習で剛さんと一緒になったのは、このときを含め2~3回くらいしかない。練習後に湘南のジムの会長が合流し、ちゃんこを作って、みんなで食べ終わったあとのことだ。ほろ酔い気分の木村さんは、帰りのクルマの中で軽い眠りに落ちていた。運転するのは、あとから入寮した練習生の役目。助手席には剛さんが座っていた。

高速道路を東京方面に向かって走り、料金所に差しかかったところで、剛さんの声が車内に響きわたった。

「おい、木村さんを起こせ!」

剛さんは気持ち良く眠っていた木村さんをわざわざ起こし、高速代を払わせた。確かにこのような場合、年長の木村さんが払うのは業界の慣習として間違っていないのだが、俺は剛さんの行動に割り切れないものを感じた。

旧UWFの道場が完成したのは、入門から半月ほど経った7月16日。あとから来た練習生はすでに合宿所から姿を消しており、新弟子は俺と広松だけになった。

俺が入門したとき、旧ＵＷＦの創設者である新間寿さんはすでに団体を離れていた。この時点での所属選手は前田さん、髙田さん、藤原さん、木村さん、剛さん、マッハ隼人さん、そしてタイガー・ジムの佐山さんと山崎一夫さんも合流してきた。旗揚げシリーズに出場していたグラン浜田さんとはすれ違いで、会ったことはない。道場ができてからは先輩に呼び出されることもなくなり、ここが俺たちの練習場になった。

道場での練習は朝10時に集合して、まずは道場の外でヒンズースクワット５００回、もしくはジャンピングスクワット50回を5セット。続いてランニング、１９８段の階段ダッシュを10本。道場に戻ってライオンプッシュアップを50回、40回、30回、20回と回数を減らしながら4セット、ブリッジ3分1ラウンド、腹筋、首の運動、そして最後にスパーリングをやる。道場長という存在は特にいるわけではなく、藤原さんが不在のとき、主に練習を仕切っていたのは髙田さんだった。

旧ＵＷＦには「先輩選手も若手や練習生と一緒に練習できないようではダメだ」という考え方があり、これは先輩たちもはっきりと口にしていた。だから、髙田さんや藤原さんは俺たちと一緒にヒンズースクワットなど基礎体力運動からこなす。前田さんも朝から道場にいるとき

試合前の練習風景。向かって左が俺、中央はマッハ隼人さん。場所が会場なのでマスクを被っているが、道場で初めて会ったときはもちろん素顔で、神真慈さんに紹介してもらうまで「誰だろう？」と思っていた。

は、俺たちと同じ内容の練習をやっていた。

意外だったのはマッハさんだ。ガチガチのスパーリングをやるようなことはなかったものの、ベテランのマッハさんも基礎体力運動では俺たちの輪に加わった。ついて来るのが大変そうだったが、それでもしっかりと最後までやり通していた。ゴッチさんが道場に来て指導する際は、スパーリングも少しやっていたような気もする。

マッハさんは非常に感じの良い方で、悪いイメージは一切ない。初対面の印象は……先輩に対して失礼ながら、「この人はマスクマンになって正解だったな」と思った。

木村さんと剛さんは、道場にはあまり顔を

出さなかった。木村さんが道場に来る時間は俺たちは外でランニング中だったので、どういう練習をやっていたのか分からない。俺たちと一緒に練習するようなことはなかったが、前田さんは業界の大先輩である木村さんには一目置いていて、常に敬意を持って接していた。

剛さんは道場ができた途端になぜか足首を痛め、練習に参加できなくなった。足を引きずりながら道場に現れては、ベンチプレスを少しやると、いつもすぐに帰っていった。

剛さんは、旧ＵＷＦの中でちょっと浮いた存在だったかもしれない。俺たちが朝10時に道場に集合して、そこに藤原さんも加わってヒンズースクワットをやっていたとき、ふらりと姿を現した剛さんがちゃんこ銭のことで俺たちに話しかけてきたことがあった。

「バカヤロー！　練習中に話しかけるんじゃねえ！」

藤原さんが怒鳴りつけると、剛さんは「す、すまん……」とその場から立ち去った。

「いいか、お前ら。練習中は先輩から用事を頼まれても、従わなくていいからな。文句を言われたら、俺にそう言われたと言っておけ。お前らは練習に集中すればいいんだ。余計なことに気を遣う必要はないからな」

藤原さんは怖いイメージを持たれがちだが、このように俺たちを守ってくれるところがあっ

旧UWF時代、開場前の後楽園ホールでウエイトトレーニング中。手前は前田日明さん。カール・ゴッチさんはこうした器具を使った筋トレを嫌っていたが、体が小さな俺には筋肉をつけるためにウエイトトレーニングは必要だった。

た。私生活の面でもいろいろとアドバイスを送ってくれたり、練習では厳しかったものの、頼れる一面もある。

世田谷のタイガー・ジムを拠点にしていた佐山さんと山崎さんは、めったに道場に来ることはなかった。俺の記憶では、佐山さんの書籍『スーパー・タイガー シューティング 格闘技最強への道』の撮影で何回か来たくらいである。それ以前に、前田さんたちに連れられてタイガー・ジムに練習に行った記憶もあるが、これはもしかしたら道場ができる前のことだったかもしれない。佐山さんとは、そのときが初対面だった。

練習生として初めて行った会場は後楽園

ホール。道場が完成してちょうど1週間後、7月23日と24日に行われた『無限大記念日』がそれである。その後のＵＷＦの方向性を決定づけた記念碑的なイベントとして、今も語られることが多い大会だ。

ここまで読んでもらえば分かる通り、俺は〝ＵＷＦ〟に憧れて入ったわけではない。そういった連中が団体の門を叩くようになるのは、このあとからだ。俺がプロレスラーになるには、ここに入るしかなかったし、その入った団体がたまたま格闘技的なスタイルを推し進めていって、俺はそこで学んだこと、刷り込まれたものを今も実践しているという感覚だ。もし俺がルチャ・リブレの団体に入門していたら、マスクを被ってプランチャなんかをやっていたかもしれない。

高田さんから、今後はスタイルを変えていくという話は聞かされていた。「俺たちはショーのようなプロレスは一切やらない」、「格闘技的な路線で行く」というような意味のことをボソボソ言っていたのを覚えている。

俺はその高田さんの言葉を何の抵抗もなく受け入れた。道場では相手をロープに飛ばしたり、ボディスラムで投げたりといったプロレス的な練習は一切やっていなかったし、俺たちは来る日も来る日もスパーリングで先輩たちにボロ雑巾のようにされていた。髙田さんが言う「格闘技的なスタイル」とは、多分俺たちが普段やっているスパーリングの延長戦上にあるものなのだろう。

大会当日、練習生は試合をやらなくても雑用などで忙殺される。俺も無限大記念日の2日間は、朝から晩までバタバタしていたような印象がある。このころ、遠藤会長も旧UWFでレフェリーを務めており、無限大記念日でも何試合か裁いた。

2連戦初日のメインイベントは、前田さんと藤原さん、この日に復帰した佐山さんと髙田さんのタッグマッチ。佐山さんは黄金のマスクを被って、「ザ・タイガー」を名乗っていた。のちに〝UWFスタイル〟と呼ばれるものが初めて披露された試合だが、俺はそれを素直に受け入れることができた。打・投・極――。そこで目にした攻防は、髙田さんに「格闘技的なスタイルで行く」と言われたときのように違和感なく俺の心に入ってきた……と書けば格好良いが、雑用に追われていたので、あれこれと考える余裕がなかっただけかもしれない。

藤原さんからデビューを告げられたのは、その約1週間後のことだった。

第３章　佐山さんに呼び出され、〝プロレス〟のイロハを教わる

「先輩たちは随分と楽な試合をしてるな」

デビュー戦を終えてすぐにセコンドについた俺は、エプロンサイドからリング内を眺めながら、そんなことを思った。

その当時、先輩たちは三角絞めや腕ひしぎ十字固めなどでフィニッシュしていたものの、まだ試合の中盤ではドロップキックやフライング・ニードロップのような技も使っていた。繰り返しになるが、俺たちのデビュー戦はそういった試合とは異質のものだったし、かつてテレビで見ていた〝プロレス〟とは明らかに違っていた。

とはいえ、先輩たちの試合に変な疑問を抱いていたわけではないので、そこは誤解しないでほしい。髙田さんが「これから俺たちは飛んだり跳ねたりはしない」と言っていたので、徐々にそうしたスタイルに移行していくのだろう。俺の中では、そんな認識だった。

ただ、明日も俺と広松のシングルマッチが組まれている。「辛いなあ」というのが正直な感想

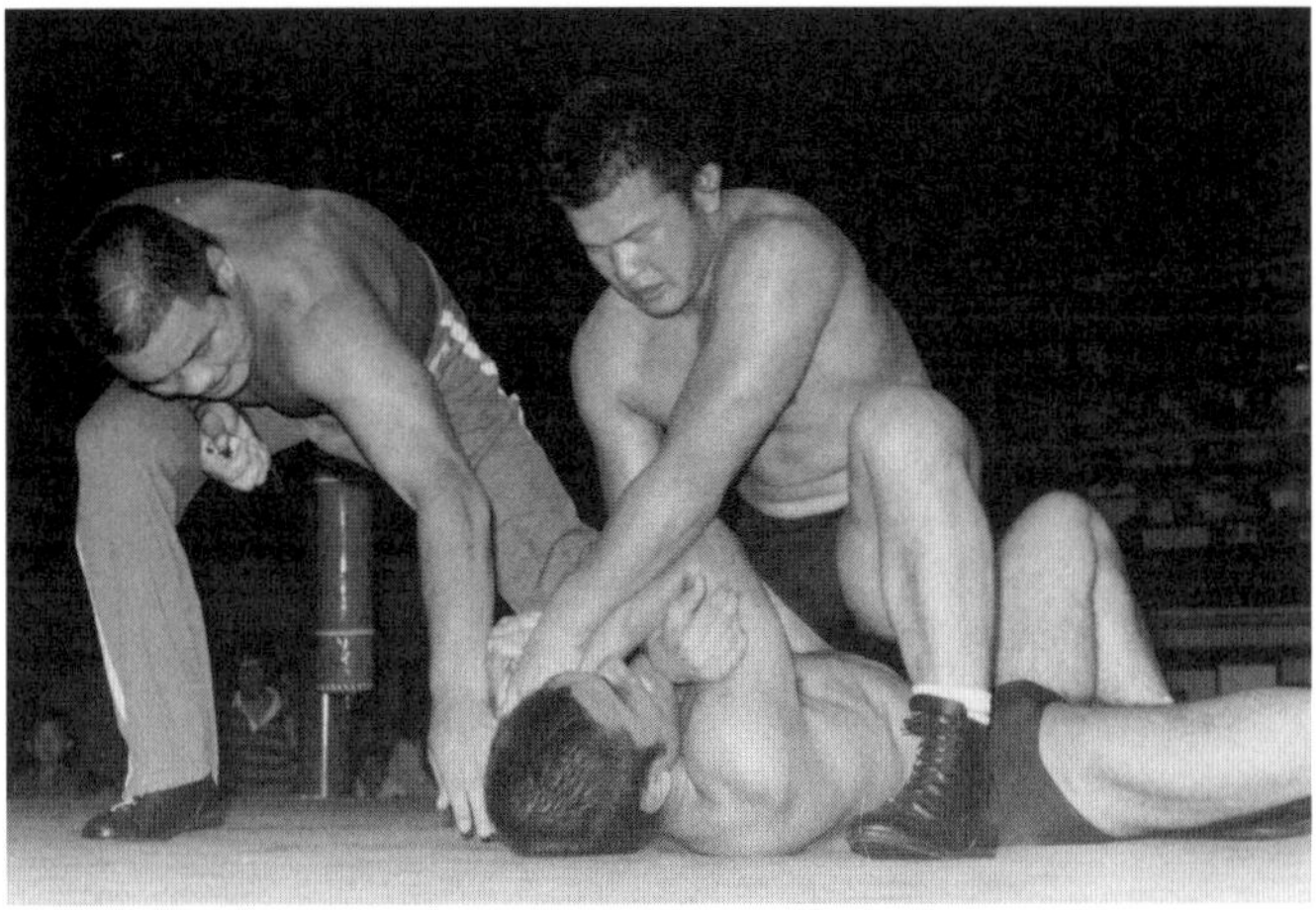

1984年8月29日、高崎市中央体育館で組まれたデビュー戦。俺はまだ関節の極め方も知らないような状態で、勝つには裸絞めなど相手の首を絞める以外の手段は思いつかなかった。

で、そこにプロレスラーになれた喜びを感じる余地は微塵もなかった。

デビュー戦の日、帰りの道中で元相撲取りのスタッフが俺と広松に回転寿司をおごってくれた。3人での遅めの晩メシとなったが、対戦したばかりなので俺は広松とあまり親しくしゃべる気にはなれなかった。おそらく、それは向こうも同じだったはずで、お互いに無言の時間が長かったように記憶している。「明日もこいつと試合をやるのか……勝つなら、絞め技しかないな」と考えながら、俺はザクザクに切れた口に寿司を運んだ。

翌日、俺たちは会場に移動する前に新宿の事務所へ立ち寄った。そこではちょうど藤原

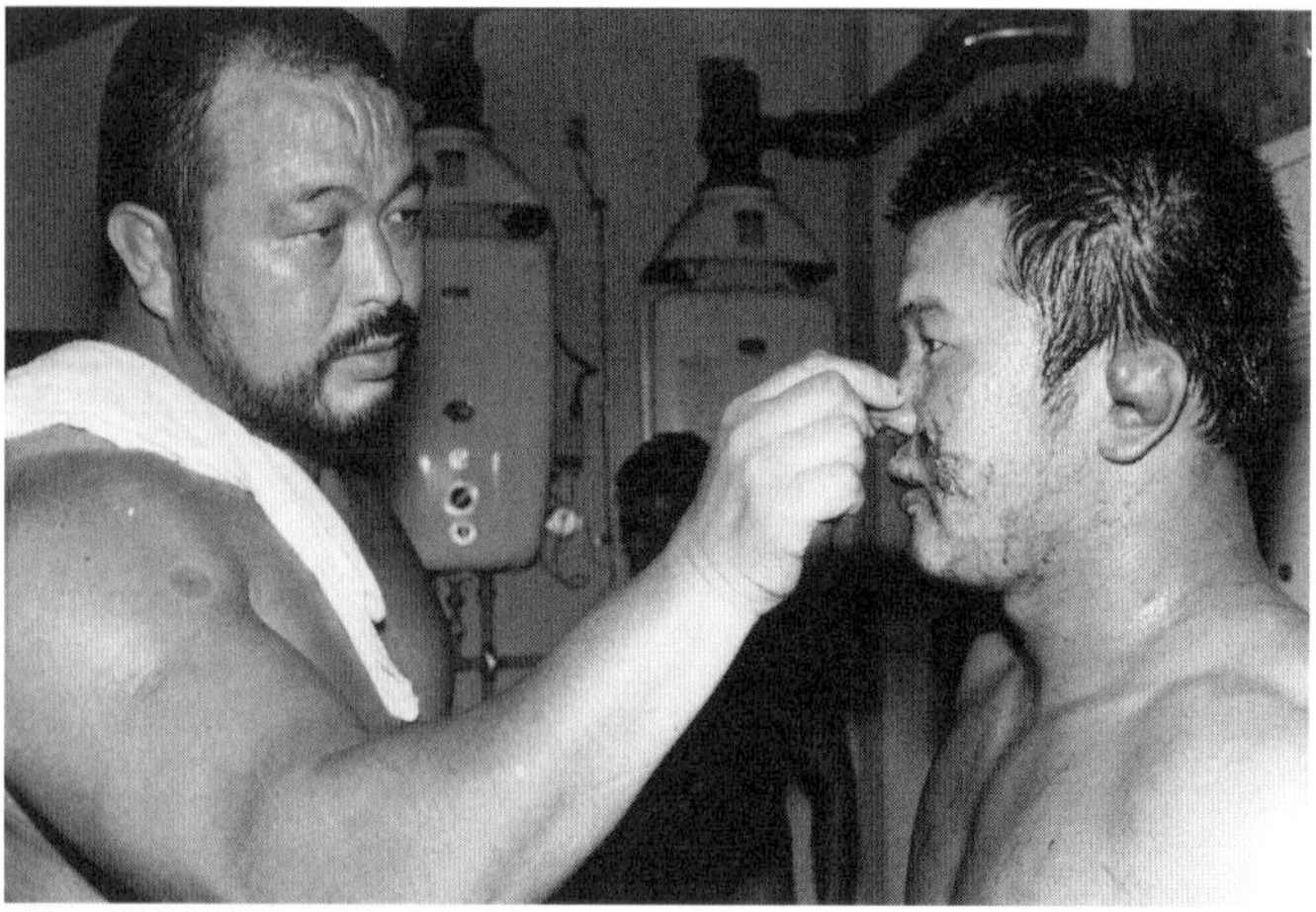

デビュー戦を終えて控室に戻ると、恩人でもあるラッシャー木村さんは鮮血にまみれた鼻を"触診"しながら心配してくれた。

さんが剛さんと、その日のマッチメークを確認しているところだった。

「おう、昨日はご苦労さん。いい試合だった」

挨拶すると、藤原さんはそう返してくれた。続けて、思いもしていなかったことを口にした。

「危ないから、お前ら今日は試合を休め」

正直に言うと、その言葉を聞いて少し安堵した。試合内容は評価してもらえたようだが、やはり技術的にはまだまだ未熟だし、連戦は危険だと判断されたのだろう。新間さんが離れ、旧UWFが新体制で再スタートした最初のシリーズ『ビクトリー・ウィークス』で俺がリングに上がったのは、結果的に開幕戦の1試合のみで終わった。

デビュー2戦目が組まれたのは1984年10月5日、次のシリーズ『ストロング・ウィークス』開幕戦の後楽園ホール大会である。

この日、試合前に控室で浦田昇社長から「木村さんと剛さんがいなくなるけど、お前は大丈夫だよな？　頼んだよ」と声をかけられた。俺はそこで初めて木村さんがこの団体から去ってしまうことを知った。

あとから聞いた話だと、カール・ゴッチさんがこの年の8月に旧UWFの最高顧問に就任し、外国人選手のブッキングにも絡むようになったため、ブッカーの仕事を失い、団体内で居場所をなくした剛さんは木村さんを誘って全日本プロレスに移ったそうだ。俺にとって恩人である木村さんがいなくなるから、浦田社長は気遣ってくれたのだろう。

2戦目が決まった際にも、藤原さんは相変わらず「練習でやっている通りのことをやればいい」としか言ってくれなかった。だから、俺と広松はデビュー戦と同様の形で試合をした。

結果も前回と同じく10分時間切れの引き分け。この試合を藤原さんら先輩たちがどう思ったのかは分からないが、ここから次の試合が組まれるまで半年ほどの時間を要した。観客の前で試合をさせるには、俺たちはまだ早すぎたということなのかもしれないここで当時の先輩たちについて少し触れておこう。道場では、先輩が来なくても来なくても午前10時になったら練習が始まる。ほとんどの場合、先輩たちも時間を守って10時には道場に来ていたが、ごく稀に誰も来ない日もあり、そういうときは気楽どころか、逆に「いつ来るんだろう……」と恐怖心に苛まれながら練習することになる。

俺はスパーリングで藤原さんの胸を借りることが多かった。藤原さんは相手の上に乗って、逃がして、極めに行くというスタイル。関節を極めて一本取ったら、そこから立ち上がってスタンドから再スタートするか、上に乗ったまますぐにまた極めに行くかは、その先輩のさじ加減しだいだった。

藤原さんの場合は、一通りの関節を極めたら、スタンドに戻って再開することが多かった。また、四つん這いになった藤原さんを俺が崩しにかかり、それをさらに藤原さんが切り返すというパターンもあった。

四つん這いの体勢、アマレスで言うパーテールポジションは単純なように見えて、相手の攻撃をブロックしたり、切り返したりしやすい。この四つん這いの相手の崩し方は、自分なりにかなり勉強した。当時、参考にしたアマレスの技術書と藤原さんの書籍『スーパーテクニック』

第1巻は今も自宅のトイレに置いてあり、真剣には読まないまでも、毎日1ページずつ目を通している。自分がまだ現役だということを脳にインプットするためだ。

旧UWFに入門した当時、先輩たちとスパーリングをすると、極められっぱなしで逃げるのに精一杯だった。毎回毎回、ボロ雑巾のようにされていたが、徐々に慣れてくると「このまま藤原さんとスパーリングを続けていれば、俺は強くなれる」という感覚を覚えるようになった。

スパーリングでは、まず最初に逃げ方を覚える。そして、そのうちに頭で考えるようになる。ただ極められるだけ、ただ逃げるだけではなく、いかにして切り替えして極めに行くか。スパーリングを重ねていく中で、誰しもそういったことが考えられるだけの気持ちのゆとりが持てるようになっていく。

藤原さんと違って、前田さんの場合は何でも力任せというか、〝技術〟で極めたり切り返したりするのではなく、パワーでねじ伏せるタイプだ。関節技が極まっていることに気づかずに、そこからさらに力を入れて極めようとして練習相手を壊してしまうこともたびたびあった。そういうときは、藤原さんに「若い者が壊れてしまうだろ！」と怒られる。

髙田さんは抑え込むだけでなく、積極的に極めに行く攻撃型タイプで、基礎的な体力も凄かった。当時、所属選手の中で一番練習量をこなしていたのは髙田さんだったと俺は言い切れる。

若手のころに佐山さんともスパーリングをしたことがあるが、これが少々厄介だった。グラウンドになったときに少しでも顔に触れると、佐山さんは突然キレて打撃の雨を降らせてくるから、常に気を遣わなければいけなかった。また、レスリングのスパーリングなのにタックルに合わせて、いきなり蹴りを出してくることもあった。

佐山さんはずっと上に乗っているのではなく、一度極めたら相手を逃がし、その動きに合わせて再び極めに行くタイプで、スタイル的には髙田さんに似ている。のちの前田さんとの試合などを見て「佐山は本当に強いのか？」と疑問を抱いているファンもいるようだが、この当時の佐山さんは率直に強かったと思う。俺自身、胸を借りていて非常に勉強になった。

ちなみに、藤原さん、前田さん、髙田さんといった先輩同士でスパーリングをやることはまずなかった。藤原さんと山崎さんがやっているところを一度だけ見たことがあるくらいだろうか。シリーズに入る直前に藤原さんが髙田さんをロープに飛ばして〝プロレスごっこ〟のようなことをやっている場面に遭遇したこともあるが、先輩は下の人間を捕まえて技術を磨く、俺たちはやられながら技術を盗むというのが旧UWF道場のスパーリングだった。

84年9月には新日本プロレスにいた木戸修さんがゴッチさんの勧誘を受けて旧UWFに移籍し、道場にも来るようになった。木戸さんには軽めのスクワットから入る独自の練習メニューがあって、スパーリングの相手を務めるのはいつも俺だった。

木戸さんがどういうタイプだったかと言うと、あまり積極的には関節を極めに行かず、上に乗っているだけ。極めてくれれば、そこで体を離して一呼吸置けるのだが、ずっと乗ったままなので、こちらはただただ苦しさだけがひたすら続く。だから、木戸さんとスパーリングをやるときは気が重かった。

ゴッチさんの中で、木戸さんは「マイ・サン」と呼ばれるほど評価が高い。しかし、リング上での試合ぶりからは木戸さんの格闘技的な実力が伝わりづらいようで、「ゴッチさんが評価している理由はどこにあるのか?」、「実際に木戸さんは強いのか?」といった声を耳にすることもある。

無理もない。道場で何度もスパーリングをした俺も木戸さんの実力は把握し切れなかった。だから、「強かったのか?」と聞かれても、「よく分からない」としか答えようがない。若手だった俺が理解できるレベルに達していなかっただけかもしれないが、ただ一つ言えるのは木戸さんとのスパーリングは本当に苦痛だったということだ。

木戸さんはいつも早めに道場に来て、早めに練習に取り組み、早めにメシを食って、道場の外で日光浴をする。マイペースで後輩や新人に対してもあまりうるさいことは言わず、スパーリング以外では嫌な印象はない。コロッケが大好きで、昼メシにそれさえ用意しておけば機嫌が良かった。あの集団の中では珍しくクセのない人だった。

道場では受け身の練習もあり、柔道経験者の俺は比較的早く覚えることができた。教えてくれたのは前田さんで、主に後ろ受け身が多かった。

打撃の練習は、旧UWF時代はほとんどやっていない。佐山さんが新たに立ち上げた三軒茶屋のスーパー・タイガー・ジムにシュートボクシングのシーザー武志さんが指導で来るようになり、前田さんや髙田さんが通っていた時期があったが、俺が一緒に行かせてもらったのは1～2回程度。昼の道場での練習で肉体を酷使していたので、そういった夜の練習までは体力や気力が続かなかった。

旧UWFは一言で言えば、理不尽な世界だった。朝10時から練習を始めて、そろそろ終わる、やっとちゃんこが食えるというタイミングで前田さんが道場に顔を出し、恐ろしいことを口にする。

「お前ら、ちゃんと練習したのか？」

そして、また何かしらの練習をやらされた。先ほど「恐怖心に苛まれていた」と書いたが、こういうことだ。

そんな日常に身を置いていれば、クソ度胸はつくかもしれない。だが、雑用と練習で精神的にも肉体的にも常に限界まで追い詰められ、先輩たちを前に常に気が張っていて、緊張の糸が途切れることはなかった。それは俺だけではなく若手はみんな同じだったと思うが、今になって振り返ると旧ＵＷＦの道場は選手が純粋に強くなれるような環境ではなかったかもしれない。

ちゃんこを作るのも俺たちの役目だ。作り方はレフェリーの北沢幹之さんに教わった。ちゃんこを作る際は食材を洗うのが面倒臭く、どうせ火を通すのだから大丈夫だろうと、切ったらそのまま鍋にぶち込んでいた。毎日、心身をすり減らしていたので、手を抜けるところでは抜きたかったのだ。誰かが腹を壊したという話は聞かなかったので、特に問題はなかったのだろう。

たまには違うものをと思い、一度おでんを作ったことがある。これが先輩たちに好評で、毎回メニューを考えるのが面倒臭かったこともあり、それから俺はたびたびおでんを作っていた。しかし、何度も続くとさすがに飽きてくる。食卓で鍋を前に、「おい、中野」と切り出したのは髙田さんだった。

「あのな、決してマズくはないんだけど、違うものを作ってくれる?」

口調は珍しく遠慮がち。髙田さんは髙田さんで新日本の若手としてちゃんこ番をしていたころ、豚肉をテーブルに置いて「みなさんで好きに焼いてください」などと言って手を抜いていたそうなので、あまり強く言えなかったようだ。

おでんはとりあえずその日でストップして、俺はまた翌日から違う鍋を作るようにした。相変わらず食材は洗わなかったが。

練習や雑用で忙殺されていた俺の唯一の楽しみ。それは平日の練習後に、合宿所近くの喫茶店に通うことだった。

オーナーが品のある美人で、年齢は30歳くらいだっただろうか。20歳の俺からすれば〝年上の凄く綺麗なお姉さん〟という感じで、彼女を見ているだけで心が癒された。

ある日、最寄りの代々木八幡駅で彼女を偶然見かけたときのこと。話しかけるには絶好のチャンスだったものの、俺は言葉を発することができず、ただ後ろをついて行くことしかできなかった。

「あら中野君、何してるのよ」

前方のガラス窓に映った俺の姿を見て振り返った彼女は、こちらに歩み寄って来て「一緒に帰ろうよ」と腕を組んできた。嬉しいやら、恥ずかしいやら。俺は大人の女性の積極的なアクションに身を委ね、腕を組まれながら代々木八幡の商店街を歩いた。

若手時代の良い思い出である。30年以上前の出来事なので、彼女は60代になっているはずだが、今も元気にされているだろうか。

ところで、俺がデビューした84年8月から3戦目が組まれる85年4月までの約8カ月の間に、若手の人数も次第に増えていった。俺のあとに入門してきた3人を挟んで、次に入ってきたのが安生洋二だ。安生は『無限大記念日』の前田さんと佐山さんの試合を見てUWFに入ろうと思った、と言っていたような記憶がある。

旧UWFでは俺と安生を含め、8人の若手がデビューした。それ以外にも怪我をして辞めざるを得なくなったり、いつの間にかいなくなったり、デビューまでたどり着けなかった者も何人かいる。

団体が活動を停止する直前の85年9月にデビューしたのが宮戸優光、当時は宮戸成夫だったか。彼の場合はプロデビューこそ遅かったが、元々はスーパー・タイガー・ジム所属で、インストラクターとしてのキャリアがあったから俺とは先輩・後輩という関係性ではなかった。

この中で旧UWFが崩壊したあともリングに上がることを諦めず、新日本プロレスとの業務提携時代を生き抜いたのは俺、安生、宮戸の3人だけしかいない。後述するが、俺も新生UWFの旗揚げに参加する前にプロレスを辞めたいと思った。他の仕事をやったほうが精神的にも経済的にも楽に暮らせるかもしれない。正直、そう考えたこともある。だから、辞めていったやつらの気持ちは理解できなくもない。

だが、俺は逃げずにここまでやってきた。その意地もある。旧UWF時代も辛いことばかりだったが、団体がなくなったあともプロレスラーとして生きていくのは楽ではなかった。決して平坦ではなかった道を不器用ながらもまっすぐに走ってきたからこそ、今こういった本を出せる立場になったと思っている。

いなくなったやつの中には「一緒に辞めよう」とそそのかしてきたくせに、それから10年くらい経ってから何食わぬ顔で他団体のリングで再デビューした人間もいた。俺はそういったやつらと一緒にされるのは抵抗がある。だから、同期であり、デビュー戦の相手である広松は仕方ないとして、この本に辞めたやつらの名前は一切出さないで話を進めることにする。

ちなみに、プロレス界では同期が2人しかいない場合、往々にして仲は悪い。旧UWFの1期生は俺と広松の2人だけだったが、俺たちの仲は悪いわけでも良いわけでもなく、関係性はいたって「普通」だった。

広松のベースは空手とウエイトリフティングで、バーベルスクワットでは200キロを担ぎ、脚のバネも強かった。ただ、彼は性格的にこの世界には向いていなかった。遠慮がちで一人でいることを好み、リーダーシップを取って自ら前に進んでいくタイプではなかったので、「年上なんだから、もっと率先して動いてほしいな」と思うこともしばしばだった。

旧UWFの若手たちに対してはいろいろと複雑な感情があるのだが、彼らがいたことでプラスの面があったことは否定しない。まずは俺が抱える雑用が減ったこと。当然、道場でのちゃんこ番も当番制になった。

旧UWFには付き人制度がなく、巡業先では若手が手分けして先輩の洗濯などをしていたのだが、俺は佐山さんを担当することが多かった。佐山さんは気前が良く、洗濯代としていつも1万円をくれたので、俺にとっていい小遣い稼ぎになった。余談だが、佐山さんは巡業先ではお化けが怖いなどの理由で旅館にはあまり泊まりたがらなかった。そういうときは、自費でホテルに泊まっていたらしい。

さて、話をリングに戻そう。俺の3戦目が組まれたのは、85年4月開幕の『フロンティア・ロード』。このシリーズでは、俺と広松以外に2人の若手が新たにデビューしている。

このときは、確か当日に会場でレフェリーのミスター空中さんからカードを伝えられた。俺は4月17日の松本市総合体育館大会、翌18日の諏訪湖スポーツセンター大会で、そのデビューした2人の若手とそれぞれシングルマッチを行っている。同月23日の青森市民体育館大会は広松との再戦で、結果はいずれも10分時間切れの引き分けだった。

1週間で3試合。なぜ、このタイミングでいきなり試合数が増え、しかも短いスパンで組まれるようになったのか。若手が増えたという理由もあるが、それだけではない。

このシリーズが始まる前、俺たち若手4人は佐山さんに呼び出され、スーパー・タイガー・

ジムに向かった
デビューを控えた2人は佐山さんに言われるがまま、そこでスパーリングを始めた。この2人も前年の俺と広松と同様に、道場で特に技術的なことを教わっていたわけではない。そんな未熟な2人が普段の練習通りに組み合ったわけだから、レベルの低いスパーリングが展開されたのは容易に想像がつくと思う。

「それじゃアマチュアだ。プロの試合にはならない」

そう言うと、佐山さんは2人を止めた。

具体的にどういった言葉で佐山さんが説明してくれたのかは、よく覚えていない。このとき、俺は初めて〝プロレス〟のイロハを知った。

俺と広松の試合があまりにも危険だったので、こういったことはちゃんと伝えておいたほうがいいと先輩たちが判断したのだろう。俺と広松は入門から1カ月ほどでデビュー戦が組まれたので、〝プロレス〟を教えるにはまだ早すぎたということか。俺は早いなら早いなりに教えるべきことは教えておいてほしかったと思ったが、もちろん先輩方にはそんなことは言えない。

佐山さんに〝プロレス〟を教えてもらった俺たちの試合は、それ以降プロらしくなっていった。

続く『格闘技オリンピア』の開幕戦となる5月18日、下関市体育館大会。俺は広松を相手に初勝利を飾った。フィニッシュは、ジャーマン・スープレックス・ホールドだった。

ゴッチさんが道場で指導してくれるようになったのもこのころだ。先輩たちと違ってゴッチさんは理不尽なしごきはせず、格闘技の技術からヒンズースクワット、ブリッジのやり方といった基礎的な運動まで細かく指導してくれた。真摯な姿勢で教えを乞う者には、真摯な姿勢で応える。練習中に退屈そうにしていたり、不真面目な態度を取ったりする者には激しく怒鳴り散らす。そんなタイプの指導者だった。

このゴッチ教室にはベテランのマッハ隼人さんも参加して、積極的に技術を吸収しようとしていた。キャリアにあぐらをかかないマッハさんの姿勢は、若手にとっても良い刺激になった。

格闘技的な面で言えば、ゴッチさんは初歩的な段階、つまり相手の倒し方から教えてくれた。相手の視界をふさいでからのダブルタックル、腕を引っ張って脇を差してからのテイクダウン等々、アマレスをベースにした相手の倒し方、崩し方には様々なバリエーションがあった。

俺はブリッジが綺麗にできたので、ゴッチさんには何かと目をかけてもらった。このブリッジは入門してから習得したのではなく、独学で覚えたものだ。

最高顧問のカール・ゴッチさんを囲んでの集合写真。向かって前列左端が俺。ゴッチさんは男性の長髪が嫌いで、前田さんの髪が伸びてくると、よく「切ってこい」と注意していた。

80年5月、全日本プロレスのチャンピオン・カーニバル決勝戦。ジャンボ鶴田さんがジャーマン・スープレックスでディック・スレーターを破り初優勝を決めた試合と言えば、ピンと来る人もいるのではなかろうか。

中学生だった俺はその一戦をテレビで見て、鶴田さんのジャーマン・スープレックスがあまりにも格好良かったため、マネをしたくなりブリッジの練習を始めた。最初のうちは脳天を床に打ちつけるなど痛い思いをしたものだが、継続は力なりというやつだ。入門するころには、髙田さんから「良いブリッジだな」と褒められるくらい綺麗な弧を描けるようになっていた。

ゴッチさんからは、四つん這いになった相手のバックを取って、自分の膝の上に乗せ、そこからブリッジして決めるジャーマン・スープレックスも教わった。力だけではなく、技術的なコツが必要なこの特殊な投げ方を俺は一発でマスターできたので、ゴッチさんにはかなり褒めてもらった。

初勝利となる下関の試合で使ったのがゴッチさん直伝のこのジャーマン・スープレックスである。大会終了後の打ち上げで、ゴッチさんは言葉にこそ出さなかったものの、アイコンタクトで「良いフィニッシュだった」と話しかけてくれた。

俺にとって、ゴッチさんは昔も今も尊敬する師匠である。ゴッチさんは当時使っていたヘッドギアを俺に譲ってくれ、そのことが雑誌『ビッグレスラー』のカラーページに掲載されたこともあった。

唯一困ったのは、ゴッチさんが来日中はウエイトトレーニングが一切できないことである。ゴッチさんは器具を使った筋トレが大嫌いで、来日するたびに前田さんと髙田さんの指示により俺たち若手は練習前にバーベルやベンチ台を道場の裏にいつも運び出していた。

ゴッチさんが道場にいるとき、前田さんと髙田さんはランニングに行くふりをして、道場裏で筋トレをする。ガシャガシャと音がするたびにゴッチさんは「何の音だ?」と聞いてくるので、俺たちは「何でしょうね?」ととぼけるしかなかった。

俺個人の見解を述べておくと、ウエイトトレーニングをやって、悪いことは何もない。よく「関節を極めるのに力は必要ない」、「力が30%、頭脳が70%」などと言うが、そう言っているゴッチさん、藤原さんは骨格がごつくて、器具を使って鍛えなくても最初から強い筋力が備わっている人たちだ。いくらテコの原理で関節を極めると言っても、ある程度の力がないことには、そのポジションまで持っていけない。

だから、俺のような〝普通の人間〟はウエイトトレーニングで筋力を強くしたほうがいい。もしそれで「筋肉が硬くなる」と言うのであれば、ストレッチなどで柔らかくすればいいだけの話だ。

そんな多少の考え方の違いはあれ、ゴッチさんと過ごした時間は大きな財産になった。この時期に教わったものは、今も俺の中で生きている。

第4章　大田区体育館の控室に響いた前田さんと佐山さんの怒号

旧ＵＷＦでは、新日本プロレスや全日本プロレスのような「若手はドロップキックやバックドロップといった派手な技を使ってはいけない」という不文律はなかった。先輩の誰からも、そんなことは言われたことがない。

だから、俺がフィニッシュに使っていたのは主にジャーマン・スープレックスで、たまに腕ひしぎ十字固めなどのサブミッション。リングに慣れてきた１９８５年7月、そのレパートリーに新たに加えたのが藤波さんの代名詞的な必殺技ドラゴン・スープレックスだ。

これはゴッチさんに教えてもらったわけではない。ある日、俺は道場で試合形式のマススパーのようなことをしていた。相手は確か安生だったような気がする。タックルに入って軽めのグラウンドをやってみたり、スタンドで組みついて投げてみたり、そんな展開の中で俺は相手をフルネルソンに固めた。そのままブリッジを利かせて投げてみたら、綺麗なドラゴン・スープレックスが決まったのだ。

練習中に偶発的に放ったドラゴン・スープレックスは俺にとって大事な決め技となり、フィニッシュに新たなレパートリーが加わった。元々ブリッジは得意で、入門当初に前田さんから「お前だったらブリッジして頭とつま先がつけるようになるんじゃないか」と言われたこともあった。

その場に居合わせた空中さんはニヤリ。ランニングから帰ってきた前田さんに、「さっき中野がドラゴンをやりよったぞ」と笑いながら話しかけていた。笑っているということは、実際の試合で使っても大丈夫だろう。そう勝手に判断した俺は7月13日、静岡産業館大会で安生を相手に初めて試合でドラゴン・スープレックスをフィニッシュに使った。以降、この技は俺にとって大切な決め技になる。

このころの俺のカードは同期、後輩とのシングルマッチばかりだったが、初めて目上の人と試合をすることになった。その相手とは、レフェリーの空中さんである。空中さんはレスラーとしてリングに上がるときは、本名の

「空中正三」を名乗っていた。

空中さんはゴッチさんの娘婿で、フロリダではラリー・マレンコの道場でコーチを務めていたらしい。だが、具体的にどのような指導をしていたのだろうか。先輩をこのように評するのは気が引けるが、はっきり言って試合はヘタだった。唯一の対戦となる85年8月29日、大宮スポーツセンターの一戦もつまらない内容になってしまったと自分では思っている。

ただ、実際に肌を合わせてみて、ゴッチさんから指導を受けている「要素」は感じられた。地力があるのか、ないのか。実力は本物か、それとも見掛け倒しか。そういったことは組み合ってみると、だいたい分かるものだ。深いところまでは把握し切れなかったが、空中さんからは地力はありそうな印象を受けた。もしかしたら、道場でスパーリングをすれば強かったのかもしれない。

空中さんの奥さん、つまりゴッチさんの娘さんが口にした言葉も忘れられない。彼女は実の父親が大嫌いで、面と向かって「あなたたちは父のことを尊敬しているかもしれないが、私は全く尊敬していない」と言われたことがある。俺から見てもゴッチさんは「頑固」を絵に描いたような人だったから、娘さんとは良好な親子関係を築けていなかったようだ。

リング上に関しては、85年の夏から旧UWFは大きく変わっていく。ご存じのように佐山さんが主導する形で格闘技に寄った新ルールが導入され、いわゆる「シューティング路線」に急速に傾いたのだ。

具体的には7月に開幕した『格闘熱帯ロード』で、ロストポイント制の導入やら、レガースなしでのキック攻撃の禁止やら、ルールが大幅に改定された。当然、俺たち若手は賛成も反対もなく、先輩が決定したことを受け入れるしかない。元々若手はレガースの着用は許されていなかったし、打撃もロクに教わっていなかったので、それほど戸惑いもなかった。

あれは遡ること2カ月前、5月のシリーズ『格闘技オリンピア』の巡業中のことだったと思う。宿泊先の旅館で晩メシを食い終わり、俺たちが藤原さんと雑談をしていると、そこに佐山さんが現れた。

「これに目を通しておいてもらえますか」

佐山さんはそう言いながら、ワープロで作成したルールブックを藤原さんに手渡した。このとき、藤原さんが返した言葉は今でもはっきりと覚えている。

「いいよ」

2人の会話はそこで終わった。

その「いいよ」という返事には、肯定的な意味は含まれていなかった。「面倒臭えなあ……」と言わんばかりの藤原さんの表情から察するに、それは「どうでもいいよ」という意味だったと俺は解釈している。

旧UWFは、周辺の人物を含めて複雑な人間関係に翻弄された団体だった。リング外のトラブルも多く、84年10月には佐山さんの移籍問題に関する強要容疑で浦田社長が逮捕されてしまった。このときは反社会的勢力を介して、佐山さんの元マネージャーを脅したのだという。佐山さんは佐山さんで、その元マネージャーを背任横領罪で告訴したり、移籍に絡んだ案件がいくつか裁判沙汰になっていた。

そういった話は、情報として俺の耳にも入ってきた。だが、そんなことを知ったからといって俺にはどうしようもない。動揺することもなく、毎日生きることに必死で、深く考えている余裕はなかった。

85年に入ると、豊田商事の関連会社がスポンサーにつき、5月に事務所が新宿から赤坂に移転した。それに伴って社名も「ユニバーサル・プロレスリング」から「海外UWF」に変わり、急に景気の良い話が飛び交うようになった。このタイミングで、俺たちの寮も渋谷のアパートから豊田商事がスポンサードしていた代々木のボクシングジムの合宿所に移った。

3月には先輩たちがグアム合宿を敢行し、「UWFが常設会場を作る」、「中国に遠征する」などとマスコミは報じていた。

しかし、俺の立場からすると、現実は何も変わらなかった。俺たち若手の待遇が急に良くなったかと言えば、そんなことはない。給料が上がったようなこともなかったと思う。聞こえてくるのは突拍子もない話ばかりで、にわかには信じがたかった。グアム合宿にしても、俺たち若手は行っていない。だから、景気の良い話を聞かされても、俺は鵜呑みにはしなかった。

そして、世間を震撼させたあの事件が起こる。6月18日、豊田商事の会長が暴漢に襲われ、大勢のマスコミが見守る中で刺殺された。

俺もこの模様はテレビで見た。当然、そこで殺されているのが自分たちのスポンサーのトップであることも理解していた。だが、団体にとって大変なことが起こっているという実感がなく、どこか他人事のように感じられた。あの「海外UWF」とは何だったのか。俺には今もよく分からない。

俺が入門したころ、前田さんと髙田さんはもちろん、前田さんと佐山さんも仲が良かった。藤原さんと木戸さんも顔を合わせたときは、にこやかに会話をしていた。道場でも巡業先でも、先輩たちの人間関係にいびつさを感じるようなことはなかったと言っていい。

だが、この翌月になると、今度は先輩たちの間に生じた溝が一気に表面化した。

7月25日の『格闘熱帯ロード』最終戦、会場は大田区体育館。ここで前田さんと佐山さんが「第1回UWF公式リーグ戦」としてシングルマッチを行った。

俺は自分の試合が終わったあと、いつものようにすぐに着替えてセコンド業務につき、エプロンサイドから2人の絡みを見つめていた。フィニッシュは前田さんの逆エビ固めだった。

「あっ、前田さんが勝った」

前田さんが佐山さんにシングルで勝つのは、これが初めてだった。試合内容は記憶に留めていないので、リング上でプロレスの範疇を超えるようなことは起きてはいないはずだ。何かあったのなら、少しは覚えているだろう。

俺の脳裏に残っているのは、試合よりも大会終了後の控室の光景だ。

そこでは前田さんと佐山さんの怒号が飛び交っていた。ほとんどの選手たちが帰り支度をして会場から出たあとも、2人は言い争いを止めなかった。

ガランとした空間に、ただひたすら怒鳴り声だけが響きわたっている。誰かが間に割って入れるような雰囲気ではないことは、控室の外にいた俺にも分かった。女性なら止められるかもしれないということで北沢さんの奥さんが仲裁に入り、そこでようやく2人は少しずつ落ち着きを取り戻していったという。

前田さんと佐山さんの間に何があったのか。当時の俺には知る由もなかった。この約1カ月半後、2人は再びリングで向かい合う。

9月2日、大阪府立臨海スポーツセンター。旧UWF最後のシリーズとなった『格闘プロスペクト』の第3戦だ。あの物議を醸した前田さんと佐山さんの最後のシングルマッチ。結果は知っての通り、前田さんの蹴りが急所に入ったという理由で佐山さんの反則勝ちに終わった。

試合前の2人に不穏な空気は感じなかった。というよりも、俺は自分の試合もあったので、そんなことまで気が回らなかった。俺が気づいた異変らしい異変と言えば、佐山さんが素顔で入場してきたことくらいか。佐山さんは「スーパー・タイガー」のリングネームのまま、この年の2月から素顔で試合をするようになっていたが、入場のときだけはマスクを被っていた。

なぜこの日はマスクを被らなかったのか。その理由も俺には見当がつかない。もちろん、試合はエプロンサイドで見たが、この日は異様な雰囲気だったことは覚えている。試合ぶりを見ても、前田さんと佐山さんの間に決定的な亀裂が生じていたことは明らかだった。

試合後、若手たちの間では、その2人のどちらにつくかという話になり、誰かが「中野さんはどうします？」と尋ねてきた。

「前田さんかなあ……」

俺は間髪入れずに、そう答えた。普段はスーパー・タイガー・ジムにいる佐山さんとは、たまにしか顔を合わせない。だが、前田さんとは道場で長い時間を一緒に過ごし、距離も近かった。2択ということになれば、俺は前田さんを選択する。

推測するに、前田さんと佐山さんの関係がほころんできたのは、前田さんの世話人だった田中正悟氏が団体に関わるようになってからだと思う。それがいつくらいの時期だったかは定かではないが、道場に来ることはなかったにせよ、田中正悟氏は旧ＵＷＦの会場には出入りしていた。

あの人はどことなく胡散臭い感じがして、俺たち若手の間でも良い印象はなかった。あとから聞いた話だと、「佐山の言う通りにしているとエースになれない」と前田さんを焚きつけていたらしい。前田さんも感化されやすい性格なので、洗脳されてしまっていたのだろう。

また、田中正悟氏は旧ＵＷＦの企画宣伝部長だった伊佐早敏男さんとも仲が良かった。俺が思うに前田さんは個人の考えだけで、ああいった行動を起こすような人ではない。近年になって前田さんは伊佐早さんと当時旧ＵＷＦの営業部長だった上井文彦さんの２人に焚きつけられたと証言しているようだが、本人が言うのだから、おそらくその通りなのだろう。

だが、この時点ではまだそこまで深刻な事態にはなっていなかったはずだ。シリーズが終わったあと、俺は神さんからテレビ出演の話を振られた。ＴＢＳの『ザ・チャレンジャー』というドキュメンタリー番組で、ゴッチさんの元で修行し、現地で試合をするという企画である。

若手レスラーを貸してほしいという依頼が番組制作会社から旧ＵＷＦにあり、神さんがゴッチさんにかわいがってもらっていた俺を推薦してくれたようだ。俺としても断る理由は全くなく、10月下旬にゴッチさんの住むフロリダに渡ることになった。

この話をもらった直後、俺は旧ＵＷＦに道場を貸してくれていた第一自動車運送の寺島幸男会長の指示で、スーパー・タイガー・ジムにタンクトップを取りに行っている。会長曰く、「フロリダではこのスーパー・タイガー・ジムのタンクトップを着て収録に臨んでくれ」とのこと。実際に俺はそのタンクトップを現地に持っていき、ちゃんと着用している。

ところが、渡米前の10月3日に開催が告知されていた同月9日、20日の後楽園ホール2連戦『無限大記念日　THE　WINNER　UWF第2章』の中止がアナウンスされた。さらに同月11日には佐山さんが新聞を通じて離脱を発表する。しかし、俺は目の前に現れたチャンスをものにすることに必死で、そうした情報は頭には入ってこなかった。

このフロリダでの撮影は短期間ではあるが、俺にとっては海外武者修行のようなものだ。しかも、ゴッチさんの指導をマンツーマンで受けられる。またとない機会を得て、俺は希望を胸にアメリカへと旅立った。

このときのテレビ収録は10月下旬の1週間、11月上旬の1週間の2度にわたって行われている。本来は10月下旬にフロリダに入り、1週間で全てを撮り終える予定だった。内容は日本の若者がゴッチさんの元に出向き、修行を積んだのちに現地でプロテストの試合に挑むというもの。だが、フロリダ入りした制作スタッフがこの企画の趣旨をゴッチさんに説明すると、予想外の展開となった。

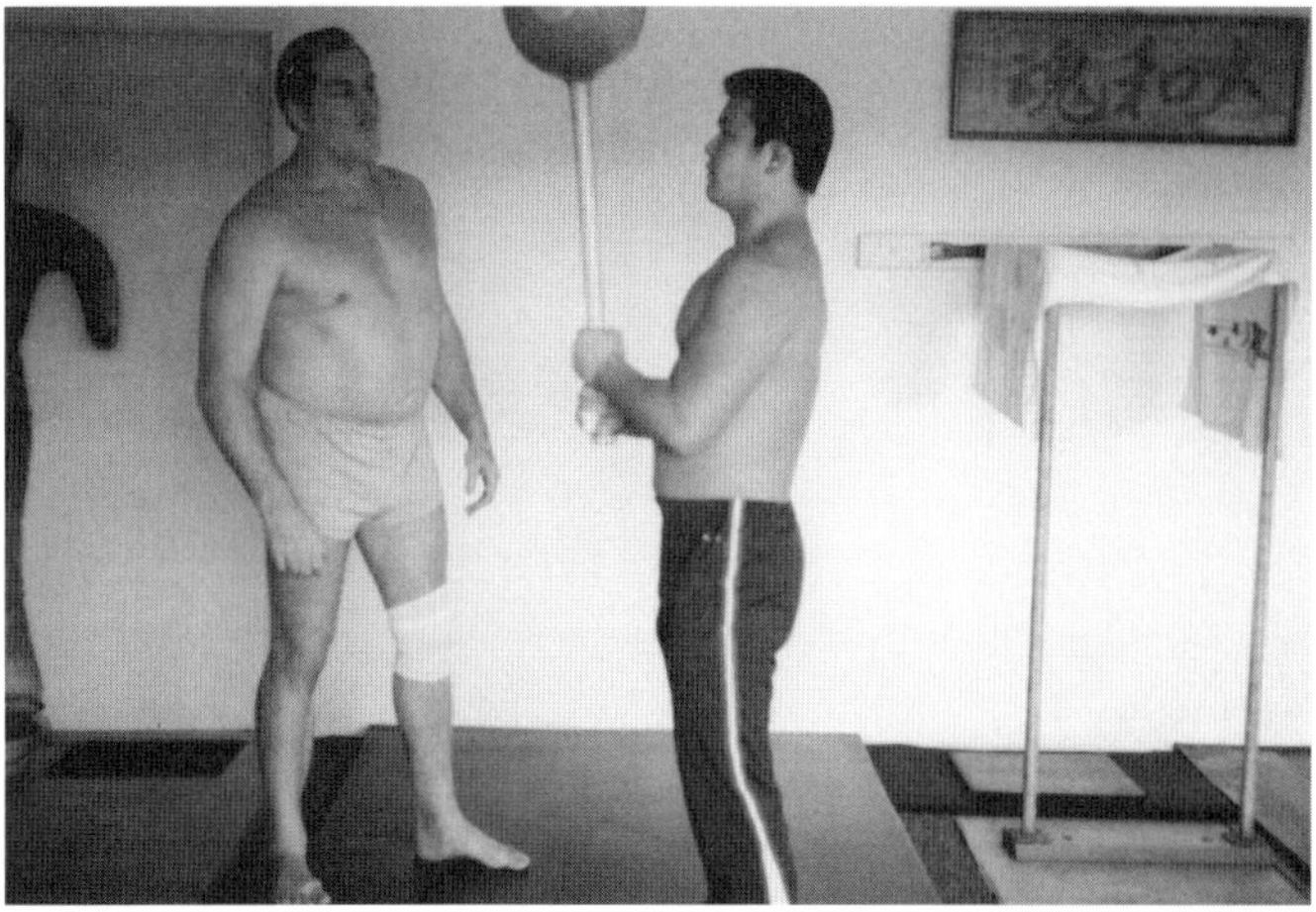

1985年10月にはフロリダのゴッチさんの元で修行。テレビの企画だったとはいえ、みっちりとしごいてもらった。11月上旬にはプロテストの撮影のためだけに再渡米。怒られはしなかったが、オンエアされた映像は結局、ゴッチさんに見られてしまった。

ゴッチさんが「そんな企画はダメだ。そもそもプロテストなんてやっていない」と首を縦に振らなかったのである。しかし、試合をやらないことには番組が成立しない。そこでディレクターが知恵を絞り、ゴッチさんが呼んでくれたジョー・マレンコを相手にプロテスト風の軽いスパーリングをやってはみたものの、これだけでは撮れ高が足りないという。

結局、俺たちは一旦帰国したあと、プロテストのシーンを撮るためだけに再渡米した。この2度目の収録はゴッチさんには内緒で敢行され、試合をする会場や相手のレスラーは空中さんに手配してもらった。

この間、一時帰国したときに「団体が潰れ

そうだ」といった話は聞かされたかもしれない。だが、俺はゴッチさんに隠し通したまま番組を成立させるという難題を抱えていたので、会社のことまでは気が回らなかった。

会場は小さな体育館。プロテストの舞台はフロリダのローカル団体の興行で、相手はバーモン・ヘンダーソンという身長185センチ、体重108キロの巨漢レスラーだった。リングサイドには素性のよく分からない審査員が3人いて、負けなければ合格だという。

試合中、俺が小柄なグリーンボーイということもあってか、相手の外国人レスラーがグラウンドになったときに仕掛けてきた。俺は動いている最中に膝を少し痛めたものの、逆に足首を2回ほど極めてやったら、相手は大人しくなった。

リングでは、いつ何が起こるか分からない。このときは道場で培ってきたものが役に立った。結局、結果は引き分けに終わったが、藤原さんたちとの練習で学んでいた技術がプロレスをやっていく上でいかに大切か、この試合で改めて身をもって理解できたような気がする。

プロテストに合格した俺はゴッチさんのところに挨拶に行き、お礼を述べて帰国の途に就く――。このシーンは1回目のロケの際に収録済みだ。あとは編集でつなげれば、番組は完成。今なら問題になったかもしれないが、そういったことが許された時代だった。俺は何とか任務を終えて日本へ戻ると、成田空港には神さんがクルマで迎えに来てくれた。

テレビの企画に乗った形ではあったにせよ、フロリダではゴッチさんにみっちりと指導してもらった。次に組まれたカードが俺にとっての「凱旋試合」になる。

ところが、車中の雰囲気がどうも暗い。運転席にいた神さんがスポーツ新聞を差し出してきたので目をやると、そこには「UWFの活動停止」を伝える見出しが躍っていた。

「こういうことになってしまったよ」

神さんによると、俺がフロリダに行っている間に旧UWFは興行ができない状況に陥り、事務所も閉鎖することになったという。

プロレスラーになって初めて掴んだ微かな希望は、木端微塵に打ち砕かれた。結果的に、あくまでも結果的に、旧UWFは『格闘プロスペクト』最終戦、9月11日の後楽園大会がラスト興行になった。

「こんなことなら、フロリダに残ればよかった」

俺は目の前が真っ暗になり、日本に帰ってきたことを後悔した。

第5章　アンドレ戦後に前田さんと藤原さんがつぶやいた言葉

これから俺のレスラー人生は、どうなるのか。

帰国していきなり団体の解散を知らされた俺は、今後の身の振り方について神さんに改めて確認した。

神さん曰く、試合はないが、今までのような生活は続けられるという。しかし、問題は山積しており、まず住む場所はどうするのか。代々木のボクシングジムの合宿所からは出ていかなくてはならない。俺たち若手たちを前田さんと髙田さんの自宅に2～3人ずつ振り分けて居候させるという案も浮上したが、俺は神さんに頼んで、これだけは断固として拒否した。四六時中、先輩と一緒にいるなんて、想像するだけで気が滅入る。

結局、第一自動車運送の寺島会長の知り合いだという運送屋の社員寮にお世話になることになったものの、すでに若手たちの間では「もう辞めよう」という声が上がり始めていた。

さらに悪いことは続くもので、この社員寮での生活も長くは続かなかった。部屋にいたとこ

旧UWFの末期に参加したプロレスショップ『レッスル』の忘年会にて。手前はリングアナウンサーのみならず広報なども担当していた神さん。俺にとっては、いい兄貴分だった。

ろ、突然ドアをノックされて「○日までに出ていってほしい」といきなり通告され、俺はどうしていいか分からず神さんに電話を入れた。

その後、俺たちは狛江市のアパートに移り住む。俺はデビュー前の練習生と2人部屋。安生は埼玉の実家に戻り、そこから道場に通うようになった。その他の若手たちは、この時点でほとんど辞めている。

このころの給料はどうだっただろう。あまり記憶にないが、もらっていなかったような気がする。旧UWFの末期は1試合いくらの歩合制で、それ以外に毎日メシ代として1日につき、いくらか支給されていた。大した金額ではなくても、何ももらえないよりはマシである。ただ、アパートの家賃、光熱費などはかからなかったので、そんな収入でも食うに困るような状況に追い込まれることはなかった。

また、俺の場合はテレビ番組『ザ・チャレンジャー』の出演料があった。普通、こういったギャラは会社が何割か持っていくものなのだが、その会社自体がなくなってしまったため全額が俺に入ってきた。だから、他の若手たちと比較すると、経済的にそれほど追い詰められた状況にあったわけではない。俺がプロレスを諦めずに続けられたのは、このテレビのギャラのおかげもある。

しかも番組収録以外の時間にもゴッチさんの指導を受けたので、プロレスラーとして自信が持てるようになっていた。俺の中で「辞める」という選択肢は全くなかったが、かといって上がるリングがあるわけでもない。このときの俺の立場としては、先輩たちが決めた流れに乗っかるしかプロレスラーとして生きていく方法はなかった。

帰国から約1カ月が経過した85年12月初旬、俺たちは道場に集められ、髙田さんから来年以降の活動について説明を受けた。

UWFは新日本プロレスと業務提携を交わし、来年からその新日本のリングで試合をしていく――。この話を聞いて、俺は大きな戸惑いを禁じ得なかった。

新日本プロレスに対して、変な偏見を持っていたわけではない。プロレスを好きになったきっかけは藤波さんだったし、ＵＷＦの先輩たちが育った偉大な団体である。ただ、俺が旧ＵＷＦの道場で教わり、試合で実践してきたものは「新日本のプロレス」とは全く異なるものだった。先輩たちに新日本流の試合をやれと言われたことはないし、ロープワークのようなプロレス特有の動きは一切教えてもらったことがない。

それから数日後となる12月6日、新日本プロレスの両国国技館大会で提携が正式に発表された。リングに上がったのは前田さん、髙田さん、藤原さん、木戸さん、山崎さん。この時点で空中さんはアメリカに帰国しており、俺たち若手はこの場には立ち会っていない。

後日、髙田さんはその両国大会の前に新日本の首脳陣と会談したときの様子を聞かせてくれた。こちらは前田さん、髙田さん、藤原さんたち、新日本側には木村健悟さんもいたそうだ。

かつて藤原さんは木村さんの挑発的な言葉にカチンと来て、試合で懲らしめてやったことがあるらしい。会合の席で久々に顔を合わせた藤原さんは、そのときのことを持ち出して木村さんを威嚇したという。要は「団体が解散したからといって、ナメてもらっては困る」、「こっちは腕には自信がある」という藤原さんなりの意思表示だ。

髙田さんも「久しぶりに会った新日本の先輩選手たちが小さく見えた」と漏らしていた。それはつまり旧UWFで1年半やってきた中で、それだけの自信が自分の中で構築できたということである。

俺から見ると、先輩たちは実に堂々としていて、新日本に助けてもらうという雰囲気は皆無だった。このときの髙田さんの「だから、お前らも堂々としていていいんだぞ」という言葉は、俺に一種の安堵感を与えてくれた。

翌86年1月3日の後楽園ホール大会。俺は初めて先輩たちについて、新日本の会場に出向いた。

このときのUWFと新日本の関係は文字通り会社同士の「業務提携」であり、組織としては完全に別物である。UWFは東京・用賀にあった髙田さんのファンクラブの事務所を間借りして運営されており、神さんも引き続き事務所でフロント業務に当たっていた。

寺島会長から借りていた道場も継続して使わせてもらい、俺たちが新日本の道場に行って合同練習に参加するようなこともなかった。所属はあくまでもUWFで、新日本と選手契約を結んだわけではない。前と同じく、給料もＵＷＦからもらっていた。

この最初のシリーズは、東京から通える会場には全てついて行ったと思う。当然、試合前の練習も新日本の選手とは別。俺たちは会場の隅のほうでヒンズースクワットといった基礎的なトレーニングをこなし、先輩たちもリングが空いていたら若手とスパーリングをするなど個々で練習していた。

当初、完全にアウェイである新日本の会場へ行き、向こうの選手たちと同じ空間にいると、その場の空気は本当に張り詰めていたから息が詰まった。

ただ、当然の礼儀として、目が合った選手、すれ違った選手にはしっかりと挨拶はする。初めて行った1月3日の後楽園大会ではザ・コブラさんに挨拶したが、物腰がとても柔らかく、俺たちに対する敵意のようなものは微塵も感じられなかった。

意外だったのは、まだ若手だった蝶野正洋である。彼は俺より少しだけ先輩であるが、向こうから「お疲れ様です」と挨拶してくれた。初対面での印象が良かったからか、この2人のことはよく覚えている。

憧れの藤波さんとは、実はこのシリーズが初対面ではない。旧ＵＷＦの道場でちゃんこを食っているとき、何の前触れもなく北沢さんが藤波さんを連れてきたことがあった。

あまりに突然の出来事だったので、俺は驚いて思わず箸を止めた。北沢さんは俺のほうを指差し、藤波さんに「あいつ、お前のファンだったらしいぞ」と言いながら冷やかしてくる。目の前に本物の藤波さんがいるという現実。それを心の中で処理し切れないでいた俺を見て、藤波さんは柔らかな笑みを見せた。

そんなことがあったため新日本の会場で藤波さんと顔を合わせても、それほど緊張することはなかった。もちろん、ファン丸出しで話しかけるようなことは立場上できないし、する気もなかったが、ただ一つ言えるのは藤波さんはどこで会おうが、ひたすら格好良かった。

猪木さんとは確か千葉の会場のトレーニング室で偶然、遭遇した。俺がＵＷＦの練習生と一緒に体を動かしていたところ、猪木さんは記者２人を連れて現れ、少し離れたところで取材を受け始めた。そして、トレーニングを終えた俺たちが「失礼します」と挨拶すると、こんな言葉を返してくれた。

「お前たち、今は大変だろうけど、そのうちにいいことがあるからな」

これが猪木さんの本音だったのか、記者たちの前で格好良いところを見せたかっただけなのか、俺には判断がつかなかった。もしそこに記者がいなかったら、猪木さんの言葉は俺の胸に深く突き刺さっていただろう。

ところで、このころのＵＷＦの若手は俺、安生、宮戸の３人だけというイメージが強いと思う。しかし、厳密には新日本との提携がスタートした時点で広松ともう一人の若手、さらにデビューしていない練習生もいた。

最初の1月シリーズでは「ＵＷＦ代表者決定リーグ」が行われ、先輩たちは猪木さんと対戦する権利を懸けてシングルマッチを行っていたが、前座でも若手の試合が実験的に組まれている。

キャリアから考えれば、ＵＷＦの若手同士で最初に組まれるべきカードは俺と広松のシングルマッチになるはずだ。しかし、俺はフロリダの試合で膝の靭帯を痛め、試合ができるような状態にはなかった。

シリーズ第４戦の1月８日、本庄市民体育館大会。ＵＷＦの若手にとって初陣となる大事な試合は、広松ともう一人の若手によるシングルマッチになった。ただし、俺はエプロンサイドからこの試合を見ていたはずだが、完全に忘却の彼方。全くと言っていいほど記憶にない。

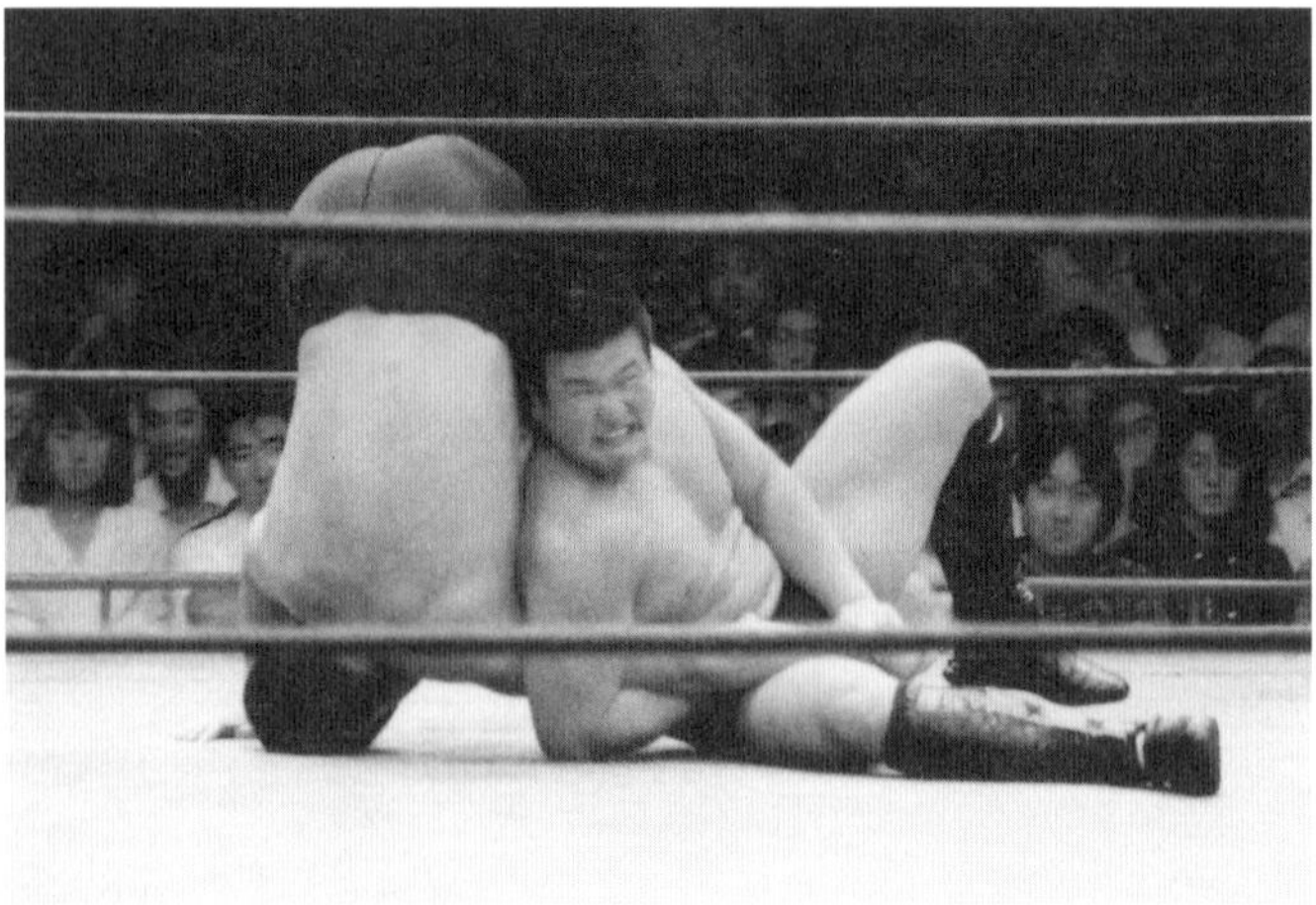

1985年12月にUWFが新日本と業務提携。俺も86年3月から新日本のリングに上がるようになるが、試合では"UWF"のスタイルを貫いた。練習面などでは、山本小鉄さんからアドバイスをもらうこともあった。

結果的に、このシリーズでUWFの若手の試合が行われたのは、この1試合のみに終わっている。二度と同じカードは組まれなかったので、試合内容は推して知るべしといったところか。そして、その2人はこのシリーズを最後にUWFから去って行った。

最終戦の2月6日、両国国技館大会のメインは猪木さんとUWF代表者決定リーグを勝ち上がった藤原さんのシングルマッチ。猪木さんが藤原さんのアキレス腱固めに対して効かない素振りを見せたシーンでも知られる一戦だが、随分とあとになって藤原さんは「俺がぐっと力を入れたら、猪木さんが痛そうな顔をした」と試合の内側をわずかながら教えてくれた。

次のシリーズは2月28日、熊谷市民体育館から始まり、ここから俺たち若手も全大会に同行するようになった。移動手段は、新日本側が用意したUWF専用の巡業バスである。

俺の最初の試合が組まれたのはシリーズ第2戦の3月1日、後楽園ホール大会。相手は安生だった。

当時、新日本のマッチメーカーは坂口征二さんだったと思うが、前田さんはUWFの若手の試合をもっと頻繁に組んでもらえるように交渉してくれたようだ。その結果、興行の中でそれ用の「枠」を与えられるような形になり、UWFの若手同士の試合は坂口さんではなく、前田さんがマッチメークしていた。レフェリングは、のちに新生UWFに移る児玉茂が担当することが多かったと思う。

新日本のリングに上がるようになってからも、先輩たちから試合の中身について指示を出されることはなかった。だから、俺は自分の判断でドラゴン・スープレックスやジャーマン・スープレックスといった大技を多用した。この時期にはバックを取ってクラッチさえ組めば、どんな体勢からでも相手を投げられる自信があったし、その一方でまだ決め技を持っていな

移動中、駅の売店で安生洋二と記念撮影。業務提携時代は地方に出向くことも多々あり、遠征先では安生と行動を共にすることが多かった。

かった安生は、そういった技を作るように前田さんからアドバイスされていた。

この時代、UWFの先輩たちは新日本の選手と対戦する際にロープワークを拒否していた。それは若手の俺も同じで、相手をロープに振ったり、自らロープに走ったりといった攻防は全くやらなかったし、先ほども書いたようにそもそも教わってもいない。

俺はそこが新日本のリングであろうが、自分のスタイルを変えるつもりはなく、旧UWF時代と同じような試合をしていた。これは先輩に強要されていたわけではなく、自分の考えである。そのことに関して坂口さんや新日本の選手から何かを言われたことはないものの、当初、俺の試合は毎回、安生とのシングルマッチで、この状況は長く続いた。もしかしたら、そこには新日本の選手と絡ませるにはまだ早いという判断があったのかもしれない。

俺が新日本の選手と初めて対戦したのは4月24日、西郷市体育館大会。相手はのちに新生UWFで再会する船木優治（現・誠勝）である。

後年、船木は何かのインタビューでこのときは俺に合わせて試合をしたと語っていたらしい。だが、実は俺のほうもできるだけ船木に合わそうとしていた。結果は船木が勝利しているが、お互いが変に気を遣いすぎたため、かなり〝ぎこちない試合〟になってしまったという印象がある。

この時点で、新日本に上がるようになってから3カ月以上の時間が経過していた。ピリピリしていた空気はかなり軟化しており、新日本の若手たちとは試合後にコインランドリーで鉢合わせになることもあったから、少しは会話を交わすようになっていた。

このころには先輩たちも「新日本とはある程度、歩調を合わせたほうがいいだろう」という雰囲気になっていたが、そのような時期に行われた船木戦がギクシャクした内容になってしまったため、ここから俺は再び安生とのシングルマッチばかりとなり、新日本の選手と試合が組まれるまで、しばしの時間を要した。

この船木との初対戦が組まれたシリーズに行われたのが〝あの試合〟である。4月29日、津市体育館。こう書いただけでピンとくる人も多いだろう。前田さんとアンドレ・ザ・ジャイアントのシングルマッチが組まれた日だ。

俺が見た限り、試合前は前田さんもアンドレもおかしな様子はなかった。何かおかしいと俺自身が感じたのは、試合中に前田さんがエプロンサイドにいた星野勘太郎さんに向かって「やってもいいですか？」と問い質したあたりからだ。このとき、星野さんは「俺は関係ない」という仕草を見せたように記憶している。すると、藤原さんがバックステージから出てきて、「やらないと、やられるぞ！」と前田さんに檄を飛ばした。

当時、何かトラブルが起こった際、前田さんは俺たち若手に当たり散らすことが多々あった。アンドレに対して何をやってもそこは前田さんの自由なのだが、そのあとにトバッチリが来るのはご免である。そんなことを考えていたくらいなので、俺はわりと冷静な気持ちでリング上の出来事を見つめていた。

この時代、ウソかホントか知らないが、アンドレからピンフォールを奪ったら何万ドルかの賞金が出るという話があった。前田さんにしてもアンドレが試合放棄のような形で自らマットに寝転んだ際、「ここで3カウントを取れば、金がもらえる」とフォールを奪おうとしたくらいなので、かなり冷静だったはずである。あらかじめ帰り支度を済ませていた俺たちは、控室に戻ると荷物を持って、いつものようにバスに乗り込んだ。

藤原さんは前田さんに「お前、よくやった！」と声をかけ、上機嫌。先ほどの物々しいリング上とは打って変わり、車内は和やかな雰囲気で、前田さんも若手に当たり散らすようなことはしなかった。

「あのグラウンドのときのアンドレの顔、怖かったなあ」

前田さんが落ち着いた口調で、そう漏らした。藤原さんはこの試合の黒幕としてミスター高橋さんの存在を指摘していたが、俺には真実は分からない。

それから約1カ月後の5月27日、福岡スポーツセンター大会。ここでは藤原さんとアンドレのシングルマッチが組まれた。この日の控室の光景も鮮明に覚えている。

「セコンドについてくれ」

試合前、藤原さんは珍しく前田さんにそう頼んだ。さらにこの日、藤原さんは通常のリングシューズではなく、練習用のレスリングシューズを着用してリングに上がった。

つまり、UWF側はいかなる事態になっても対応できるように臨戦態勢を整えていたわけだが、いざ試合が始まると決してリング上が殺気立っていたわけではなく、藤原さんもアンドレも淡々と試合をこなしていた。

藤原さんとしては、アンドレが前田さんとあのような試合をしたことで、だいたいの実力を把握できていたようだ。藤原さんにしろ、前田さんにしろ、アンドレと対峙するからといって動揺しなければならない理由はない。

結局、試合中に特にトラブルは発生せず、結果は両者リングアウトとなった。あの誰にも負けないアンドレが藤原さんと引き分け。今にして思えば、あり得ない結末だ。

前章で書いたように、俺はフロリダの試合で外国人選手から仕掛けられ、足首を2度ほど極め返して相手を大人しくさせた。先輩たちとアンドレの試合に間近で接し、そのときに取った行動は正しかったと確信が持てた。そして、そういった試合に対応できるだけの技術と度胸の大切さを改めて感じた。

この前田vsアンドレ戦は世間では騒がれたが、若手を含めUWF側は誰もが冷静沈着に受け止めていたように思う。あの一戦は、特別な試合でも何でもない。相手の姿勢によっては、あいったことは十分に起こりうる。そして、もし相手が一線を超えてきたら、対応すればいいだけの話だ。それが俺の学んだプロレスである。

アンドレと引き分けた藤原さんが指でシュートサインを作りながら、つぶやいた。

「お前も分かったろ。これは大事なんだよ」

ものだ。

第6章　UWF解体が進む中で、プロレス廃業を決意

「隣の芝生は青い」ではないが、ときに人は他者の境遇を羨ましく思ったり、嫉妬したりする

UWFが業務提携していた時代の新日本プロレスの若手、いわゆるヤングライオンは佐野直喜（現・巧真）、山田恵一、橋本真也、蝶野正洋、船木、野上彰（AKIRA）、小杉俊二、後藤達俊、畑浩和、大矢健一（現・剛功）、片山明、松田納（エル・サムライ）、飯塚孝之（現・高史）といったメンバーだった。俺たちが参戦するようになったころ、武藤敬司はすでに海外修行に出ていたので、この時期は接点はない。

若手の立場から見た場合、ファイトスタイル云々とは別に新日本とUWFの大きな違いは何か。それは中堅の存在である。

新日本は選手の大量離脱があったあととはいえ、トップである猪木さん、坂口さん、藤波さんと若手たちの間に、何人か中堅と呼ばれる選手たちがいた。

しかし、ＵＷＦの場合はトップレスラーと若手の間にクッションが全くない。前田さん、藤原さん、木戸さん、髙田さん、山崎さんといったテレビ中継に映るような人たちのすぐ下に、俺、安生、宮戸の３人がいるという図式になる。

これは相当キツい。他の若手がみんな辞めてしまったので、雑用はもちろんのこと、怒りの矛先なり不満のはけ口が全て俺たちに向かってくる。だから、途中でクッションがある新日本の若手たちが本当に羨ましく思え、彼らが雑用をこなしている姿さえ俺の目には自由闊達に映った。

さらに旧ＵＷＦにはなく、この時代のＵＷＦにあったもの。その一つが付き人制度である。これは髙田さんの提案で始まり、巡業先で安生は前田さん、俺は髙田さんの世話を担当することになった。当然ながら、先輩と行動を共にする時間が増えれば、気の休まる時間は激減することになる。前章でも触れたように、業務提携が始まった当初は新日本の選手との間にも緊張した空気が流れていたし、俺のストレスは溜まる一方だった。

そんな折、俺を食事に誘ってくれた新日本の若手選手がいた。山田恵一である。

声をかけられたのはＵＷＦと新日本の業務提携がスタートして２シリーズ目、１９８６年

ゴングが鳴らされる直前の一コマ。後方に見える相手は松田納。他にもこの時代は野上彰、船木優治らとの試合が組まれることが多かった。俺は新日本で“プロレス”を教わったことはなく、全て実戦の中で覚えていった。

3月10日に徳島市体育館で大会があったときで、まだ両陣営がピリピリしていた時期だった。俺はそんな状況下で新日本の選手と仲良くメシに行ってもいいものかどうか迷い、一応誘われた旨を髙田さんに報告すると、「良い機会だから、行ってこいよ。交流を深めてこい」と気持ちよく背中を押してくれた。

翌日のオフに、俺は山田選手と焼肉を食いに出かけた。会話の内容はと言えば、たわいもない世間話しかしていない。キャリアは俺が1年ほど後輩になるため敬語を使ったが、それまで会場で何度か言葉を交わしていたこともあり妙なぎこちなさもなく、会計は山田選手が済ませてくれ、俺も先輩の厚意を素直に受け入れた。

こうして新日本の選手たちとの距離が徐々に縮まっていくにつれ、俺は彼らの試合ぶりも注視するようになった。

後年、ＵＷＦインターナショナルで一緒になる佐野選手はコーナーポストに昇るスピードが非常に速く、動きの一つひとつにセンスが感じられた。船木はまだ10代で幼い顔をしていたが、そのころから内面に秘めた強さを有していたと思う。野上選手は非常にハートが良く、人間的に嫌いではなかったが、その真面目さゆえに試合になると慌てすぎるところがあった。彼は当時、橋本との対戦にナーバスになっており、「キックのガードだけは、しっかりとしたほうがいい」と助言したこともある。

そんな若手たちの中でも、俺から見て一際目立っていたレスラーが山田選手だった。彼は他の選手が黒のショートタイツを着用しているところ、一人だけロングタイツを穿き、シューズもシルバーやゴールドのものを使っていた。自分が際立つように要所要所で差別化を図っているところにプロ意識の高さが見て取れ、このころから俺は「この選手は将来、絶対トップに立つ」と予想していた。その後の彼の活躍については、ここで俺がわざわざ説明するまでもないだろう。

俺自身のことを言えば、試合の相手は基本的に安生、たまに宮戸という状況が続いていた。しかし、86年の秋ごろから再び新日本の選手とのカードが少しずつ組まれるようになった。そういうカードのマッチメークは前田さんではなく、新日本のほうが担当する。しかし、新日本側で「大技は使うな」、「上の選手の得意技は使うな」といった忠告をしてくる人はおらず、試合に関しては自分で考えなければならなかった。

10月19日、大和車体工場体育館。ここで初めて俺と橋本真也のシングルマッチが組まれている。

橋本は試合をしながら熱くなるタイプだが、一方の俺もすぐに頭に血が昇り、我を忘れてしまいそうになる傾向がある。そこで髙田さんがそうならないように、試合前に蹴りの防御やニールキックへの対応の仕方をアドバイスしてくれた。

とはいえ、俺と橋本の間に不穏な空気が流れていたわけではない。むしろ、この試合も初めての船木戦のように、あまり噛み合わない内容になってしまったという印象がある。試合後に佐野選手か船木か忘れたが、「お互いに気を遣っていましたね」と指摘されてしまった。

新日本のリングで安生や宮戸と試合を重ねている中で、藤波さんには「もっとメリハリをつけたほうがいい」と助言された。しかし、俺は「メリハリ」の意味するところがよく理解できず、これも不確かな記憶だが、髙田さんに「藤波さんにそう言われたんですが……」と相談したような気がする。

だが、新日本の選手と試合で絡むようになると、俺は改めて藤波さんから言われた「メリハリ」について考えるようになった。プロとしてリングでやるべきことは何なのか。そういったことにまで考えが及ぶような余裕が出てきたということだろう。

同年11月21日、新潟市体育館大会では人生初のタッグマッチを経験した。俺のパートナーは山崎さん、相手は越中詩郎さんと蝶野正洋である。

もはや説明するまでもないだろうが、ロックアップやロープワークと同様に、UWFの道場ではタッグマッチのやり方も一切教えてもらっていない。つまり、ぶっつけ本番だったのだが、俺の前にすでに安生がタッグマッチを経験していたので、その試合を見て自分なりに方法論を解釈し、それを実践したつもりだ。

この試合については、越中さんとの絡みがやたらとやりづらかった印象しか残っていない。

フィニッシュ技として使用していたドラゴン・スープレックス・ホールドのブリッジ。「スープレックスは力ではなく、体の柔らかさで投げるもの」というのがゴッチさんの教えだった。

しかし、フロリダで外国人と試合をしたときとは違い、俺が独自の判断で越中さんに報復したら、それは個人の問題ではなくなってしまう。だから、俺は気持ちを抑え、リング上の流れに身を委ねた。

また、この時期になると、船木、松田、片山らとは開場前にスパーリングでも手を合わせるようになった。その中で強いと感じたのは船木である。俺が一本取られることはなかったが、俺も船木から一本を奪えなかった。こういった輪に橋本や蝶野が入ってくることはなく、外国人選手では唯一、カナダからの留学生として新日本に在籍していたクリス・ベノワがスパーリングに加わっていた。

外国人選手と言えば、新日本の常連だったディック・マードックはフレンドリーに接してくれた。いつも試合を見てくれて、終わったあとには「グッドマッチ！」などと感想を聞かせてくれる。マードックが俺につけたニックネームは「ボックスヘッド」。当時の俺はスポーツ刈りで、それがマードックには箱のように見えたのだろう。

年が明けて、87年1月22日の本渡市民センター大会。ここで俺はプロレスの楽しさ、面白さを再確認できるカードと出会った。俺と安生が組み、相手は船木&野上という組み合わせのタッグマッチである。

よくプロレスでは「スイングする」という表現が使われるが、そういった感覚を初めて覚えた試合がこれだった。結果は15分フルタイムの引き分け。しかし、その15分という時間が非常に短く感じられたので、試合をしながら気持ちが高揚していたのだと思う。

しかも、それは単に俺の自己満足ではなく、見ている側にも面白い試合に映ったようである。この一戦をリングサイドで見ていたリングアナウンサーの田中ケロさんは、俺たちのカードをシリーズ最終戦のビッグマッチ、２月５日の両国国技館大会の第1試合に推薦してくれた。このとき、俺は初めて新日本という団体に自分の存在が認められたような気がした。

新日本側がこういったカードを組むようになったのは、裏を返せばＵＷＦと新日本の選手の間で信頼感が深まり、試合でトラブルにならないと判断したということである。この時代に先輩たちの間では前述の前田さんとアンドレの一戦など問題となった試合があったが、若手同士の試合でお互いに一線を超え、リングが混沌とした状況に陥るようなことは一度もなかった。さらに誤解のないように言っておくと、新日本の選手との対戦が組まれたときに、ＵＷＦの先輩方から「潰してしまえ！」といった指示が出たこともない。リング上では対抗していても、そこはプロとして最低限のルールは守っていた。

ところで、俺と安生が船木&野上と初めて試合をした翌日の1月23日、熊本県水俣市で有名な旅館破壊事件が起きている。

改めて説明しておくと、ＵＷＦと新日本の親睦を深めるという名目で開かれた宴会で両陣営の先輩たちが泥酔した挙句、ついには乱闘騒ぎを起こし、宿泊先の旅館を損壊させた一件だ。ただし、俺たち若手は先輩方の洗濯があったので、宴会が始まると、すぐにその場から失礼したから修羅場になった時間は不在だった。

俺は洗濯を終えるとＵＷＦ側の宿泊先に戻ったのだが、しばらくすると宴会から帰ってきた藤原さんとばったり遭遇した。なぜかその目は完全に据わっており、俺はいつもとは異なる恐怖心のようなものを覚えた。

翌朝、集合時間になると先輩たちがロビーに降りてきて、口々に昨夜の出来事を話し出した。そこで俺は初めて事件のあらましを把握したのだが、なぜかみんな一様に上機嫌。誰かに殴られて目を腫らしていた前田さんも笑顔が絶えなかったので、思いのほか宴会が楽しかったのだろう。

次のシリーズ、2月23日の伊勢崎市民体育館大会からは「ヤングライオン杯争奪リーグ戦」が開幕し、UWF側では俺と安生が初参加した。

正確な時期は失念したが、このヤングライオン杯が始まる前の段階でUWFの選手たちは新日本と契約を結んでいる。向こうから年俸を提示され、それを12等分した金額が毎月支払われるという形だ。

俺が新日本の事務所で契約に臨んだ際、そこにひょっこりと猪木さんが姿を現した。

「むやみに判子を押すなよ。契約書の隅から隅まで、きちんと読んでから押せ。最近の若いやつらは、何も読まずに判子を押しやがるからな」

それだけ言うと、猪木さんは部屋から出ていった。

ＵＷＦ所属としてリングに上がりながら、新日本から給料をもらう。ファンには矛盾しているように映るかもしれないが、俺の中では特に違和感はなかったし、新日本の一員になったつもりもない。前田さんなどはこの時点でも将来的なＵＷＦの独立というものを考えていたのかもしれないが、状況を考えれば現実的な話ではなかった。この選手契約が次の更改時に「ＵＷＦ解体」へと発展していくのだが、それについては後述する。

話をリング上に戻そう。技術的な面で言えば、俺たちＵＷＦの若手は〝プロレス〟の基礎的な動きを知らなかったので、前年の段階では新日本の選手たちも試合中に戸惑いを感じていたのではないだろうか。

ただ、プロレスにはどの団体に行っても共通する基本のようなものがある。そうした感覚が掴めていくと、気持ちにも余裕が生まれ、新日本絡みの試合に楽しさが見出せるようになっていった。

俺はその瞬間を目の当たりにしていないのだが、宮戸は試合中にロープに振られ、そのまま後ろ向きで戻ってきたことがあるという。それはさすがにちょっとまずいと思うが、俺たちはそういったプロレスの基本を実戦の中で会得していくしかなかった。

ファンには分かりにくい部分かもしれないが、新日本には新日本の〝間〟というものがある。その間の中で、俺は次に何をすべきかを考える。スープレックス一辺倒では客に飽きられてしまうし、経験を積みながら藤波さんが言っていた「メリハリ」を少しずつ理解できるようになったと思う。

その一方で、自分なりの落としどころというか、「ここまではOKだが、ここから先は付き合えない」というラインのようなものが俺の中にはあった。ロープワークを拒否していたのは、その一例である。

自分からロープに飛ばない。ロープに振られても、戻って来ない。

「それをやったら、俺が俺ではなくなってしまう」

この気持ちは昔も今も変わらず、現在も試合で貫き通している。プロレスのキャリアは35年を超えたが、俺はこれまで一度もロープワークを教わったことがない。また、試合中に場面によってはロックアップのような形になったりもするが、誰からも組み方の手ほどきを受けたことがない。もしこの業務提携時代に身も心も「新日本のプロレス」に染まっていたら、今の俺はなかったはずだという思いがある。

その一方、組織としてのＵＷＦはそれほど遠くない将来に新日本に合併されるような流れになっていた。そして、意外に思う人もいるかもしれないが、ＵＷＦ側の選手の大半はその流れを好意的に受け止めていた。

若手に関して言えば、安生と宮戸はオフの間に新日本の道場へ練習に行くようになった。俺は一度も行っていないので、そこでどういうことを教わったのかは把握していない。後年、安生がインタビューでブラック・キャットさんにプロレスを習ったと言っているようだが、おそらくこの時期のことを指しているのだろう。

俺個人としては、新日本に溶け込みたくなかった。それは理屈で説明できるものではなく、自分自身の意地のようなものである。俺はＵＷＦに憧れて入ったわけではないが、自分が最初に学んだプロレスを貫きたいという思いが強かった。「初志貫徹」という言葉とはまたニュアンスが微妙に違うのだが、一言で説明すれば、これはもう俺の性格としか言いようがない。だから、シリーズがオフの間は新日本の道場に背を向け、ＵＷＦの道場に通って一人で練習をしていた。

そんな俺を心配してくれたのが越中さんだった。ご存じのように越中さんは全日本から一人で新日本に移籍してきた選手で、そのときに孤独感を味わったのかもしれない。俺が若手の輪から外れているのを気遣ってくれ、安生か宮戸を通じて新日本の道場に来るように声をかけてくれた。しかし、それでも俺は行く気になれなかった。

そんな折、道場に一人でいた俺のところに神さんから電話がかかってきた。

「もう少し待っていてくれ。いずれ、良いことがあるから」

だが、その言葉の意味が俺には見当もつかなかった。

そうした雰囲気の中で、あの顔面蹴撃事件が起きた87年11月19日の後楽園ホール大会を迎える。

遡ること半年前、この年の5月に長州さん率いるジャパンプロレス勢が新日本マットにUターンしてきた。俺から見て、UWFの先輩方とジャパン勢の間にこれといった緊張感があったわけではない。元々は新日本の道場で同じ釜のメシを食った間柄だし、俺自身も向こうの若手だった佐々木健介とは仲良くなった。

あの日の後楽園大会にしても、バックステージではトラブルの予兆を感じさせるような空気は流れていなかった。この日のカードはＵＷＦ側が前田さん、木戸さん、髙田さん、ジャパン勢がマサ斎藤さん、長州さん、ヒロ斉藤さんの６人タッグマッチ。俺はこの一戦もセコンドとして眺めていた。

ここから先は、あくまでも俺個人の見解である。あの試合で前田さんが取った行動は、プロとして疑問符がつく。

木戸さんにサソリ固めをかけようとしている長州さんに対し、前田さんは背後から顔面に蹴りを入れたわけだが、プロレスではガードができない相手の顔面を蹴るという行為はタブーである。そこは新日本もＵＷＦも関係ない。当たりどころが悪ければ失明してしまう恐れもあるし、実際に長州さんは眼窩底骨折という重傷を負って欠場に追い込まれた。

その反面、あの事件が起きていなければ、新生ＵＷＦという団体が生まれなかったのも事実だ。前田さんの行動は肯定できないものの、歴史という観点から見た場合、全否定もできないのかもしれない。

俺の中で印象に残っているのは、前田さんよりも髙田さんの姿である。あの日、試合後は非常に機嫌が悪く、終始憮然とした表情を浮かべていた。

事件の当事者である前田さんはアンドレ戦のときとは異なり、変なスイッチが入ってしまったようで、退場する際に何の罪もない安生の頭をひっぱたいていた。当然、ＵＷＦ側の控室は凍てついており、その気まずい雰囲気を解消できないまま、俺たちは会場をあとにした。そして翌日、前田さんには新日本から無期限出場停止処分が下される。

それからというもの、髙田さんは道場でも前田さんとは一切口を利かなくなった。

「新日本と一緒にやっていこうとしているこの時期に、何てことをしてくれたんだ」

言葉には出さなかったが、そんな髙田さんの胸中は容易に察することができた。

そのころ、新日本は半ば恒例行事となっていた伊豆下田での強化合宿を行っている。結論を先に言えば、俺はこの合宿にも参加していない。

俺は健介とはウマが合い、会場では頻繁に言葉を交わす仲になっていた。あるとき、合宿に参加するか否かを健介に尋ねると、彼は行かないという。それなら、右に倣えだ。

ところが、合宿当日に不参加を決めこんだのは俺だけで、なぜか健介は参加していた。しかも、そのことが現場責任者である坂口さんの逆鱗に触れ、しばらくの間、俺は試合から干されてしまう。

そんな合宿問題で俺がさらに孤立を深めていたとき、ＵＷＦの今後の方針を髙田さんの口から聞かされた。

「俺たちは新日本と一緒にやっていく」

この時期、当初のギスギス感は嘘のように消えており、地方巡業の会場でもＵＷＦの選手たちは新日本の合同練習の輪に加わるようになっていた。

試合から干されて自暴自棄になっていた俺は、そんな光景も見て見ぬふりをしていたが、移動バスの中で「中野、ちょっと」と髙田さんに声をかけられた

「どうして、お前は伊豆下田の合宿に参加しなかったんだ？」

俺が健介の意見に同調して不参加を決めたことを説明すると、髙田さんは「そうか、分かった。前田さんがああいった事件を起こして、新日本と気まずい関係になってしまった。だから、少しでもいいから溶け込むようにしてくれ」と諭してきた。

「合同練習も大した内容をやっているわけではないけど、付き合ってやってくれないか？」

先輩の髙田さんにそこまで言われたら、断るわけにはいかない。その言葉をきっかけに俺は渋々、開場前の練習で新日本の選手と同じ時間を共有するようになったが、自分の中ではイタ

ズラに一日一日を浪費しているような感覚しかなかった。

俺が干されている間、その空いた枠を埋めるかの如く宮戸が時折、試合に出ていた。そんな状況を見てレフェリーの児玉が「宮戸さんが出ているのに、中野さんが出ていないのはおかしい。試合に出られるように、坂口さんに謝罪したほうがいいんじゃないですか」と進言してきたので、俺は自ら坂口さんの元に出向いて頭を下げた。

「熱を出したので合宿に参加できませんでした」

その言葉を坂口さんが信用してくれたかどうかは知る由もないが、12月6日の大和車体工業体育館大会で1試合だけ組んでもらえた。カードは俺と安生が組んで、野上&松田とのタッグマッチ。これが俺にとって87年の最後の試合になった。

年末のシリーズが終わると、新日本はUWFの各選手に対して個人契約を要請してきた。つまり、UWFという組織を吸収合併するような形で解体し、選手たちは正式に新日本の所属になれということである。

だが、俺自身は気持ちが冷め切っており、新日本と契約を交わすどころか、プロレスを廃業することを考えていた。

振り返ってみると、旧ＵＷＦの時代から組織の中で揉め事が多く、心が疲弊してしまっていたのだろう。クセが強い先輩たちからも解放されたかった。

俺は夢だったプロレスの世界に入り、デビューすることもできて、カール・ゴッチさんのところにも修行に行かせてもらった。決して長くはない現役生活を振り返ってみれば、それなりに誇れる道を歩んできたように思えた。

新日本に入団したところで、希望が抱ける将来が用意されているわけでもない。自分が育った〝ＵＷＦ〟というものが消滅してしまうことにも強い引っかかりを感じた。

「もうちょっと我慢してくれ。良いことがあるから」

神さんからそのような電話が入っても、俺は「良いこと」の意味がまだ分からなかった。この時期、前田さんからも「もう少し我慢してくれ」と言われたような気がする。

だが、これ以上、何をどう我慢しろというのか。

「プロレスから離れて、一般人になったほうが肩の力を抜いて生きていけるかもしれない」

俺は道場で練習をしながら、これからの人生についてそんな思いを馳せるようになっていた。

そこにはもはや怒りも不安もなく、自暴自棄といったものも通り越して、むしろ清々しい気持ちだった。

踏ん切りがついたことで、ストレスの類も解消されたのだろうか。今となっては笑い話でしかないが、そうやって心が落ちつくと、不思議なもので体重が次第に増えていった。

この時点では新生ＵＷＦを旗揚げするという話は、水面下でも一切出ていない。

「もういい、十分だ。プロレスを辞めよう」

そう心に決めて、俺は運命の88年を迎える。

第7章　「中野さんも船木と鈴木の入団に反対してください」

１９８８年4月4日、新生ＵＷＦに参加する選手たちが世田谷区大蔵の道場に集まり、マスコミ向けの合同トレーニングを行った。

これに参加した前田さん、髙田さん、山崎さん、安生、宮戸の5人は揃って新日本を離脱し、旗揚げ会見に先立って新団体の設立を公表したわけだが、俺はその場に足を運んでいない。

俺が不参加になった理由は、表向きには「身内の不幸」ということになっていた。だが、この日の段階で俺自身はこの新団体の旗揚げメンバーに名前を連ねるつもりは全くなかった。

順を追って説明しよう。前田さんが新日本から解雇を通告されたのは約1カ月前、３月１日のことである。

前年11月の顔面蹴撃事件で無期限出場停止処分を受けた前田さんは、リング復帰に向けて新日本側と話し合いを続けていた。しかし、個人契約の問題も含めて最終的に折り合いがつかなかったようで、一旦は解雇される。あとで聞いた話によると、新日本側が提示する条件を呑んで〝再契約〟する道もあったようだが、前田さん自身は外部の協力者が現れたことから新団体設立に舵を切った。

その前田さんと歩調を合わせるように髙田さん、山崎さん、俺、安生、宮戸の5人も契約を更新せず、3月19日の『ビッグ・ファイト・シリーズ』最終戦をもって新日本から離れた。一方で藤原さんと木戸さんは新日本と契約を交わし、残留を選択する。これによってUWFという組織は新日本側が目論んでいた「解体＝吸収合併」ではなく、「独立＝団体化」という俺にとっても予想外だった展開を迎えた。

前章でも触れた通り、このころの俺の気持ちは冷めていた。まだ携帯電話も電子メールも普及していなかった時代である。誰とも関わりたくなかったので、面倒臭い連絡などをシャットアウトするために合宿所代わりのアパートの電話線を抜くなどして選手やスタッフとの接触を避けていた。

4月4日の合同トレーニングは、ちょうどその最中に行われたものだ。当然、電話がつながっていないので、「マスコミ用にみんなで写真を撮るから、○時に道場に集合」という連絡が俺の元に届くことはなかった。

前田さんたちの輪に加わろうとしない俺を心配してか、合同トレーニングが行われたあと、神さんが突然、部屋を訪ねてきた。

「一体どうしたの?」

「俺は辞めるつもりです」

そこから押し問答がどれくらい続いただろうか。神さんは、自分がいくら説得しても埒が明かないと思ったのだろう。最後に、こう切り出してきた。

「とにかく電話線は差しておいてくれ。髙田さんから連絡が来るから、必ず対応するように」

面倒臭いことに巻き込まれるのはご免だが、髙田さんの名前を出されたからには電話くらい出なければなるまい。神さんが帰ったあと、電話線を差し込むと、その日のうちに髙田さんから連絡が来た。

「知り合いの店でメシを食うから、一緒に行こう」

伝えられた要件は、これだけだった。当然、顔を合わせたら新団体の話になることは明らかである。しかし、無下に誘いを断るわけにもいかず、とりあえず道場で待ち合わせて、そこから髙田さんのクルマにピックアップしてもらうことになった。

髙田さんは相手を説き伏せる際、高圧的に上から押さえつけるのではなく、まず聞き手に回り、柔らかい口調で諭しながら説得するタイプだ。髙田さんのクルマの中で、俺は導かれるままに心境を吐露した。

プロレスへの気持ちが冷めてしまったこと。精神的にも疲れ果てたこと。もう辞めるつもりでいること。そして、髙田さんは俺が吐き出した言葉の一つひとつを丁寧に受け止めてくれた。

このときは不思議な感覚に陥った。理詰めで逃げ道を塞がれたわけでもない。情に訴えかけられたわけでもない。それなのに、髙田さんの「一緒にやろう」という呼びかけに、俺は「はい」とごく自然に応じていた。

引退の決意を固めつつあった俺は、なぜ心変わりをしたのか。自分自身、このときの心理が今でもよく分からない。プロレスの試合で言えば、こちらが攻めていたのに最後の最後でクルリと丸め込まれて3カウントを奪われたような感じだった。

だが、心変わりという点では髙田さんも同様だ。前田さんとの関係が冷え切っていたはずなのに、どういう経緯で行動を共にすることになったのだろうか。

「髙田さんは新日本に残るつもりでしたよね？　どうして前田さんと一緒にやろうと思ったん

ですか？」

そう問いかけると、髙田さんは「俺もかなり迷った。でも、腹を括った」と言葉少なに心境を語ってくれたが、その表情から新日本と袂を分かって前田さんと新団体を設立するという選択は相当な覚悟が必要だったことが伝わってきた。

この俺の説得を髙田さんの手に委ねるという計画は、神さんが描いたシナリオだった。店に到着すると、髙田さんはすぐに神さんに電話を入れた。

「中野の説得、失敗しました。本人に代わります」

これは髙田さん一流のジョークである。受話器を握った俺は、何のためらいもなく神さんに伝えた。

「これからもよろしくお願いします！」

電話口の向こうからは、「全く！　頼むよ！」と神さんの笑い声が聞こえてきた。

合同トレーニングからわずか4日後、4月8日に東京・赤坂の東急ホテルで新生ＵＷＦは記者会見を開き、正式に旗揚げを発表した。

この時点での所属選手は、たったの6人。不安がなかったと言ったら嘘になるが、俺もスーツを着込み、記者会見に出席した。おそらく説得してくれたのが髙田さんではなかったら、俺はこの場に姿を見せることなく、そのままプロレス界から去っていただろう。

俺が合流を決めたクルマの中で、髙田さんは新生ＵＷＦの大まかな方向性も説明してくれた。髙田さん曰く、興行は月に１回しか開催せず、試合以外の日は練習に没頭できるので、新日本と提携していたころのように巡業中に体重を落としてしまうようなこともないという。

「テレビ中継もなく、月１回の試合で本当にやっていけるんですか？」

「それは大丈夫のようだ。だから、心配するな」

話は試合の内容にも及んだ。旧ＵＷＦのような地味なスタイルでは、多くのファンの支持は得られない。もっと広いファン層に受け入れられるスタイルのほうがいいというのが髙田さんの意見だった。

「だから、例えば俺が派手にドロップキックをやるようなこともあるかもしれない」

俺もその考えには同調した。関節技とキックだけでは見ているほうも飽きてしまうし、旧ＵＷＦのスタイルをそのまま押し通すことは興行団体として無理がある。つまり、新生ＵＷＦはスタートする時点で「格闘技的な方向に進む」というレールが敷かれていたわけではなかったということだ。

ここで新生ＵＷＦの社長に就任した神さんについても触れておきたい。のちに渦中の人になってしまう神さんであるが、好きか嫌いかで言えば、俺は好きだった。旧ＵＷＦ時代から新生ＵＷＦにかけて「中野龍雄」というプロレスラーは神さんに育ててもらったような部分もあり、俺自身も大きな信頼を寄せていた。

神さんは人を育てるのが巧く、プロデュース能力も秀でていた。前田さんがプロレス界を超越したスター選手になったのは、神さんの功績によるところも大きいと俺は思っている。

チケットの手売りが当たり前だった時代に、チケットぴあへの委託販売をいち早く行ったのも新生ＵＷＦだ。その他にもメディアなどと連動した広告展開、レーザー光線を用いた演出やクローズドサーキット（ライブビューイング）の導入など革新的な手法で「新生ＵＷＦはプロレス界の先端を走っている」というイメージを作り上げることに成功したが、これらは神さんが主導して行った戦略である。

当然、選手契約も事務所で神さんと交わした。新生ＵＷＦは年俸制で、新日本に上がっていたころよりも金額は格段に良くなった。

アップしたのは給料だけではない。俺たち若手はそれまで後楽園ホールには電車で通っていたのだが、専務の鈴木浩充氏に「これからはタクシーで会場に入ってほしい」と言われた。

「大切な看板選手なんだから、プロとしての自覚を持ってほしい」

そんなことを言われると、こちらの背筋も自然と伸びる。当然、タクシー代は自腹ではなく、会社の経費で落ちるし、怪我や病気などでの治療費も会社が持ってくれた。

会社がそれだけの環境を作ってくれたのだから、俺はプロとしての責務を感じずにはいられなかった。この新生UWF時代は解散するまで待遇は良くなる一方で、一度たりとも下がったことはない。旗揚げ当初は合宿所に住んでいたが、途中から自分でマンションを借り、クルマも買うことができた。そういう部分において、俺は今でも新生UWFに1ミリの不満もない。

5月12日、後楽園ホール。新生UWF、旗揚げの日。大会名は『STARTING OVER』――。

俺たちの船出は、ファンの熱狂的な歓迎を受けた。オープニングは髙田さんと宮戸のエキシビションマッチ、メインは前田さんと山崎さんのシングルマッチ。俺は実質的な第1試合であり、セミファイナルでもある位置で安生と対戦した。たったの3試合ながら、前売りチケットは即完売。だが、チケットが売り切れようが、会場が満員になろうが、俺は浮かれた気持ちには決してなれなかった。

安生とはこれまで何度も対戦しており、お互いに手の内を把握しているので、一定水準以上の試合にはなるだろう。ただし、この日は会場にゴッチさん、藤原さんの他、ボクシングの具志堅用高さんなど著名な格闘家も訪れていた。会場は小規模の後楽園ホールだが、注目度では俺にとって今までにない大舞台である。下手な試合はできない。俺の中にあったのはその使命感と責任感のみで、新生UWFが軌道に乗ってからもこの2つの気持ちは常に心に持ち続けていた。

結果は24分25秒で俺の勝ち。UWFではロングマッチの部類に入る20分以上の試合が終わった瞬間、心身共に疲弊していた。大会終了後は茨城から駆けつけてくれた両親、柔道の町道場の先生たちと合流して軽い打ち上げが催され、そこで俺はようやく緊張から解放された。

続く旗揚げ2戦目、6月11日の札幌中島体育センター大会。ここには初めて外国人選手が参加した。〝黒い藤原〟と呼ばれたノーマン・スマイリーである。

当時は今のようにスマホさえあれば世界中のプロレスの試合を動画で見られるような時代で

はなく、スマイリーには旗揚げしたばかりの新生ＵＷＦのスタイルやルールをイチから説明しなければならなかった。

俺たちは来日したスマイリーを連れて、山崎さんの自宅に出向いた。新生ＵＷＦの方向性を口で説明するだけでは、彼も理解できないだろう。テレビを囲んで、〝教材〟は新日本での髙田vs越中戦。その場には旗揚げ戦の映像もあった。真面目な性格のスマイリーは食い入るように画面を見つめ、一生懸命に〝ＵＷＦ〟というものを理解しようとしていた。

その結果、彼は俺たちがやりたいスタイルをちゃんと飲み込んでくれ、以降も新生ＵＷＦ初のレギュラー外国人選手として参戦することになるが、その一方でレギュラーになり損ねた選手もいた。

旗揚げ第4戦、9月24日の博多スターレーン大会。この日、俺の対戦相手になった内藤恒仁は当時はまだ珍しかった逆輸入ファイターだった。彼はフロリダのマレンコ道場で練習を積み、現地でデビューしたという。マレンコ道場でコーチをしていた空中さんの推薦で参戦が決まり、俺自身はあまり良い気はしなかったが、試合前から雑誌で取り上げられていた。

内藤は試合の数日前に来日し、道場に来て練習に加わった。しかし、スパーリングで手を合わせてみると、実力的には大したことがない。

「早めに潰していいよ」

先輩の誰かが俺の耳元で、そう呟いた。俺としてもプロの試合として成立させるには、そうするしかないだろうと感じていた。ヘタに試合を長引かせたら、彼の粗が目立ってしまう可能性がある。俺との試合は内藤の査定マッチになるはずだったのだが、道場で早々に結論が出てしまった。

この内藤戦も、〝プロレス〟ではなかったと言い切っていいだろう。というより、こういった試合を含めて〝UWFのプロレス〟と言える。

俺はがむしゃらに前に出てくる内藤に対し、冷静に対処したつもりだったが、試合後に神さんから「そんなんじゃダメだ！」と雷を落とされてしまった。確かにあとで映像を見返すと、説教されてもおかしくないほど張り手もキックも雑だった。

このときのフィニッシュは、逆片エビ固めである。試合中に咄嗟に出た技で、内藤の体が柔らかかったこともあり、思った以上に反り返った。このシーンは博多スターレーンに集まったファンに大きなインパクトを残したようで、以来、俺は「博多男」と呼ばれるようになる。また、逆片エビ固めも「シャチホコ固め」と命名され、現在まで続く俺の代名詞となった。

実際に、この内藤戦は会場の反応も良かったのだが、神さんにダメ出しをされるようなファイトをきっかけに「中野は博多で人気者になった」と言われるのは内心、複雑なものがあり、試合内容については今でも納得していない。結局、内藤の新生UWF参戦はこの1試合で終った。空中さんは継続的に出場させたいようだったが、会社側の答えは「NO」だったということである。

ちなみに、新生UWFのマッチマークは全選手参加の合議制で決めていた。前田さんが原案となるカードを用意している場合もあれば、全くの白紙の状態から会議が始まることもあったが、先輩方が目の前にいる状況では発言しづらく、俺や安生、宮戸が異論を唱えたところで通るわけでもない。

ただ、所属選手が少なかったこともあって毎回カードは比較的スムーズに決まり、話し合いが紛糾するような事態に陥ったことはなかったように記憶している。

ところで、新生UWF時代は待遇が良くなったこともさることながら、俺にとって大きかったのは後輩ができたことだ。旗揚げ戦から1カ月後、89年6月に第1回入門テストが行われ、田村潔司が合格して入門してきた。俺にとって本当に後輩らしい後輩は、この田村が初めてになる。

道場での練習内容は、旧UWF時代と変わらない。朝10時に集まって、ヒンズースクワット500回からスタート。ちゃんこ番は俺、安生、宮戸の3人がローテーションを組んで担当し、その日の当番は合同練習には参加せず、朝から買い出しに行って準備をする。そして、田村のような新弟子たちは練習が終わったあとに、その当番のサポートにつく。旧UWFで北沢さんがそうしていたように、俺も田村に鍋の作り方を2～3種類ほど教えた。

合宿所は狛江の2Kのアパートを引き続いて借りており、俺も最初のころはそこに住んでいた。安生と宮戸は小田急電鉄の狛江の隣駅、喜多見でアパートを借り、そこで共同生活をしていた。

狛江のアパートは俺1人で、喜多見は2人。明文化された規則ではないが、人数的なバランスを取るために入門してきた新弟子はまず俺の部屋に入る。その後、新たに新弟子が入門してきたら喜多見のアパートに移るというルールが自然に出来上がった。

この年の8月には、2回目の入門テストを実施している。そこで合格し、田村と入れ替わるように俺の部屋に入ってきたのが堀口和郎だ。

堀口は純粋にＵＷＦに憧れて入ってきた青年だった。性格も真面目で、体力的にも特に問題はなかったので、順調に行けばデビューできていただろう。

彼が入門してきて数カ月後、痛ましい事故が起きてしまった。俺はある事情があって、その場には不在だったので、全てあとから聞いた話になる。この件に関しては、本当に悔やんでも悔やみ切れない。

その日、一通りの練習を終えたあと、宮戸が堀口に後ろ受け身を連続で取らせたという。憔悴し切った状態で後ろ受け身を取ると、後頭部を打って大きなダメージを負うリスクが高い。そんなことを練習生にやらせるなんて、とんでもない話だし、絶対にあってはならないことだ。

新日本と業務提携中、俺たちも前田さんから受け身の練習を延々とやらされた経験がある。いつもの練習メニューをこなしたのち、まずは後ろ受け身を連続50本。さらにショルダースルーの形で受け身を取る。俺と安生は柔道経験者なので疲労困憊になりながらも何とかやり切ったが、「辛い」という言葉では表現し切れないような思いをした。

ショルダースルーの受け身を取ったときに宮戸の投げ方が悪く、俺は変な落ち方をして足の親指を骨折してしまったことがある。「何やってんだ！」とばかりに瞬時にキレた前田さんは、怒りに任せて宮戸に鉄拳を食らわせた。

俺たちの世代はそういった経験をしており、宮戸も受け身の練習の危険性は把握できていたはずなのだ。

89年3月31日、堀口は脳挫傷により志半ばで旅立っていった。

彼はデビューしていないが、俺たちUWFの大切なメンバーである。俺は今でも試合をするときは堀口、そして2001年に帰らぬ人となったゲーリー・オブライトと一緒に上がっている気持ちでリングに立つ。堀口が俺たちと同じ時間を共有し、同じ壮志を持っていた仲間の証として、彼の名をしっかりとこの本に記しておきたい。

先ほど堀口の事故が起きたとき、俺は「ある事情」でその場にいなかったと書いた。昭和が終わり、平成へと元号が変わったこの年、俺は急激な体重増加とストレスが原因で肝機能障害をきたし、練習どころではなくなっていたのだ。

道場に来なくなった俺を心配してくれた髙田さんは、神さんにこう言づけた。

「この言葉を中野にそのまま伝えてください。『こういう機会でもない限り、ゆっくりと休めない。お前は大事な戦力なんだから、入院してちゃんと治してくれ』と」

そこで俺は半ば強制的に入院することになり、5月以降の大会を欠場した。堀口の事故が起こった時期は通院して点滴を受けており、昼間に道場へ出向く時間が取れなかったのである。

新日本の船木と鈴木実（現・みのる）が新生UWFに移籍してくるという話が持ち上がったのもこのころだった。2人の入団は4月14日の後楽園ホール大会で正式に発表されたが、堀口の事故があったため会社は興行の開催自体を迷っていた。

この年の3月、ヨーロッパへ修行に出ていた船木は現地で日本のマスコミの取材に答え、UWFへの移籍を表明した。鈴木も新日本に辞表を提出して3月31日付で退団し、2人がこちらに合流してくることは、もはや既成事実となっていた。

俺自身は複雑な感情で、この話を受け止めていた。言うまでもなく、新生UWFは所属選手が少ない。毎回、同じようなカードを組んでいては、そのうちファンに飽きられてしまうであろうことは誰の目にも明らかだった。実際、旗揚げから2人の入団発表があった89年4月までの約1年間、新生UWFは9大会を行っているが、俺は安生と2回、宮戸とは4回もシングルで対戦している。

当然、俺の中でもマンネリに対する危機感はあった。俯瞰して見れば、マッチメークをする上で船木と鈴木が加わるメリットは大きい。だが、2人が合流してくることで確実に内部の図式が変わる。

新生UWFはいわゆるトップの「前高山」と「俺、安生、宮戸」の2層構造になっていて、「上3人」、「下3人」というあまり嬉しくない言葉で表現されていた。そこに絶対的な壁が存在していたことは間違いない。俺たちの声は「上3人」には届かないし、ましてや俺たちが「上3人」に試合で勝つなんてことは考えられない状況だった。

あの2人が新日本から移籍してきた場合、前年にデビューしたばかりの鈴木はさておき、新日本のスター候補生だった船木は「上3人」と「下3人」のちょうど真ん中くらいのポジションに入る。そこで何かが崩れるのは明白だったし、トラブルの火種になりかねない。

そんな折に、宮戸が話を持ちかけてきた。後年の彼の言動と食い違う部分があるかもしれないが、ここでは事実をありのままに書く。

「僕と安生さんは、あの2人の入団に反対です。中野さんも反対してください」

確かに、俺自身も彼らの合流を歓迎する気になれずにいた。だが、そういう形でスクラムを組んで妨害するというのは性に合わない。

そもそも俺たちが強硬に反対したところで、前田さんは耳を貸さないだろう。そんなことを思いながら、俺は宮戸の提案を適当に受け流した。

第8章　新生UWFが目指したのは〝格闘技〟だったのか？

よく「歴史にIFはない」と言われるが、もしたまたまチャンネルを替えずに金曜夜8時の『ワールドプロレスリング』で藤波さんの試合に巡り合っていなかったら、俺はプロレスラーになっていなかったかもしれない。

もし前田さんが長州さんの顔面を蹴っていなかったら、新生UWFは誕生せず、俺自身はプロレスへの情熱を取り戻せないまま引退していたかもしれない。

そして、もし船木と鈴木が来ていなければ、新生UWFはどうなっていたか。マッチメークが行き詰ってマンネリ化し、ファンにそっぽを向かれたかもしれない。あるいは煩わしいトラブルに見舞われることなく、もう少し団体が存続したかもしれない。

船木の移籍は猪木さんと前田さんのトップ会談を経て正式に決定し、1989年4月10日にマスコミに向けて発表された。それに先立ち、鈴木は4月3日に新生UWFと契約している。鈴木は2人揃って入団の挨拶をした同月14日の後楽園ホール大会からリングにも上がって安生と対戦しているが、俺はこの日の試合を最後に欠場に入った。

結局、その直後に藤原さんも新日本を辞めて、新生UWFに合流してくる。船木と藤原さんは続く5月4日の大阪球場大会から試合に出場したが、ここから1大会で5試合は組めるようになったので、やはりカード編成上、3人が合流していたことの意義は非常に大きかった。

船木と鈴木の移籍に関しては、事前に前田さんから説明を受けていた。当時、俺たち若い人間の意見が会議の場で通ることはまずなかったので、宮戸は数の論理で押し切ろうと目論み、俺に「一緒に反対してください」と声をかけてきたのだろう。後年になって宮戸は何かの取材で「彼らが移籍してきて心強く感じた」といった旨の発言をしたそうだが、事実は全く違う。

そのころ、俺は体調を崩していたので道場にはあまり足を運べず、移籍してきたばかりの2人と鉢合わせることはほとんどなかった。聞いたところによると、船木、鈴木と安生、宮戸はスパーリングをやっていたという。

俺は道場で彼らに出くわした際も自分からは話しかけず、向こうから声をかけられたときのみ応対した。無視するわけでもなく、かといって距離を縮めようとするわけでもなく、彼らかられば何とも判断しにくいスタンスに映っていただろう。入団に反対していた安生は自然体で彼らに接していたという印象があるが、宮戸は手の平を返すように自分から秋波を送り、いつの間にか船木とも鈴木とも仲良くなっていた。

前述の通り、新生UWFのカードは全て選手たちによる合議制で決められていた。当然、ここから船木、鈴木もマッチメーク会議に参加するようになる。

肝機能障害で5月と6月の大会を欠場した俺は、7月24日の博多スターレーン大会が復帰戦の舞台と決まり、その相手は船木に決まった。

俺の中で異論はなかった。6月14日の愛知県体育館大会では安生が船木と対戦したが、この試合はファンやマスコミの間で高い評価を受けていた。対抗意識がなかったと言えば、嘘になる。移籍してきたばかりの船木は注目の存在となっており、この試合の「主語」は復帰する俺ではなく、船木になってしまう可能性もあった。しかし、俺にも生え抜きとしての意地というものがある。プロとして船木vs安生戦を超える試合をしてやろうと、いつも以上に意欲が湧いた。

1年ぶりの博多。ファンは熱狂的な声援で出迎えてくれたものの、俺はその熱気を肌で感じ取れないくらい気持ちが昂っていた。

正直に言えば、3カ月ぶりの試合ということもあり時間が経つにつれて体力を激しく消耗したが、俺は気力だけで体を動かし、船木に対する感情を極めてストレートにぶつけていった。気持ちが前を向いていたからか、俺の鼻から血が噴き出したためリングドクターが2度も試合を中断した際、その時間がやたらと煩わしく感じられたことを覚えている。

結果はレフェリーストップで俺の負けとなったが、新生UWFのベストバウトにこの試合を挙げてくれる人は少なくない。何かのアンケート投票では、ベストバウトの3位にランイクインしたと聞く。負けた試合ではあるが、そういう意味では悪い気はしない。

俺が後先を考えずに喧嘩腰になって試合ができた背景には、会社が治療費などを負担してくれるという待遇面での措置があった。この船木戦は、選手たちが安心してリングに上がれるような環境を会社が作っていたからこそ生まれた名勝負と言えるかもしれない。

一方、道場に目を向けると、このころは個々で練習するようになっており、みんなで入れ替わりながらスパーリングをするといったこともなくなっていた。だから、船木と鈴木は田村を捕まえてスパーリングをよくやっていたように記憶している。俺と船木はちゃんこ番が免除となり、ちゃんこ銭の管理などは安生か宮戸がやっていたはずだ。ちなみに藤原さんはキックボクシングの北星ジムで練習していたので、道場にはめったに顔を出さなくなった。

俺は他の選手たちとは時間をずらして道場に行き、新弟子の垣原賢人、冨宅祐輔（現・飛駈）、長井弘和（現・満也）たちを相手に練習していた。みんなと距離を置いて一人で練習するようになったのは、知り合いから「格闘技なのに戦う相手と一緒に練習するのはおかしい」と指摘されたからだ。そう言われてみれば、納得できる部分はある。以降、この一緒に練習をしないという姿勢はUインターを退団するまで貫いた。

「プロレスか、格闘技か」——。これはUWFというものを語る際に、必ず突きつけられる命題である。

俺としては旧UWFの道場で学んだことがそのまま自分のスタイルになり、時代や流行などに左右されず続けてきただけという感覚でいる。

この時期、選手たちによる会議の席でも、「将来的には格闘技に移行していく」なんて話が出たことは一度もなかったのではないか。今となっては何とでも言えるが、あくまで俺の記憶の範疇では、〝プロレス〟から脱却して〝格闘技〟への変移を目指し、本気でその道を模索していた選手は一人としていなかったと思う。

また、興行会社として新生UWFが〝格闘技〟の方向へ舵を切らねばならない理由も存在しなかった。当時、佐山さんが主宰していたシューティング（修斗）を強く意識していた人間も皆無だったはずである。

新生UWFは選手の平均年齢が若く、大所帯でもなかった。そんな俺たちが社会的ブームとまで言われた熱狂の中、地道に練習を重ね、ベストを尽くして目の前の試合に取り組んでいた。そこに何か問題はあるのか。世の中にはプロレスと格闘技の間に線を引きたがる人間が多いようだが、あの渦中にいた俺にはそれがUWFの本質を突いた議論だとは思えない。

ただし、UWFはその境界線が曖昧だったことは間違いなく、この89年の11月29日、最初で最後の東京ドーム大会『U－COSMOS』を開催した際に〝格闘技〟の面で奮闘したのが安生だった。総合格闘技ブームが起きてから再評価の機運が高まったチャンプア・ゲッソンリットとの一戦である。

当初、チャンプアの相手は安生だけでなく、俺と宮戸もリストアップされていた。俺はまだ体調が万全ではなかったため、会議の席で「今のコンディションでは無理です」と余計な言い訳をせずに辞退している。残るは安生か〝ガラスの膝〟を持つ宮戸になるわけだが、ムエタイの現役強豪選手と戦わせるにはどちらが妥当か。普通に考えたら、安生だろう。宮戸だったら、膝にローキックを一発もらっただけで試合が終わってしまう。

カードが決まると、安生はシンサック・ビクトリー・ジムで練習を積み、減量もしていた。判定で引き分けという結果に終わったものの、しっかりと大役を果たし切ったと思う。この日、俺は第1試合でまたも宮戸と対戦し、7分ちょっとのタイムで勝利した。

この東京ドーム大会には、メガネスーパーが冠スポンサーについた。前月には山中湖の別荘を借りてドーム大会のプロモーションを兼ねた強化合宿が行われ、田村以下の若手を含む全選手が参加している。これもメガネスーパーが主催したものだ。

体調を考えると、俺は合宿などに行けるような状況ではなかったから辞退することにした。しかし、俺のそんな訴えも前田さんの前では無力だ。結局は参加するハメになり、コンディションがさらに悪化してしまった。その結果、10月25日の札幌中島体育センター大会では心身共に憔悴し切った状態で山崎さんとの試合に臨んでいる。

正確な日付は失念したが、確かその前後にメガネスーパーの田中八郎社長と新生UWF全選手による食事会が開かれた。田中社長は「新日本の武藤選手なんか、いいと思っているんです」

と言っていたので、少なくとも90年5月にSWSが設立される以前の話である。武藤敬司の名前を出された前田さんと藤原さんは困った様子で、「武藤ですか？　アイツはなあ……」と田中社長の意見には同調せず、何かの弾みで佐々木健介の名前が挙がった際には「アイツはいいよ！」と言っていた。

この場でそれ以上の突っ込んだ話にはならなかったが、翌年になってから新生UWFとSWSの関係がマスコミで取り沙汰されるようになる。この件も団体内で確執が生まれた一因だが、神さんが田中社長とどういう話をしていたか、そのあたりのことは聞いたことがない。俺が知る田中社長と新生UWFの選手たちとの接点は、この食事会だけである。

この89年後半の時点では、まだ団体内にそれほど不協和音は流れていなかった。マッチメークについて意見が合わなくても、それが大きな揉め事に発展することもなく、俺自身も組まれた自分のカードに不満を抱いたことはない。藤原さんとの対戦を希望したら、その意見がすんなり通り、実際に90年1月16日の日本武道館大会で組んでもらえた。俺が選手間の人間関係がほころび始めたと実感したのは、この90年に入ってからである。

この年の春には、船木と鈴木がSWSに移籍するといった報道が一部のマスコミで流れた。

先ほども書いた通り、俺自身は新生ＵＷＦとＳＷＳの業務提携プランがどこまで進んでいたのかは知らない。おそらく他の選手たちも似たようなものだろう。だから、みんなが疑心暗鬼になっていた感は多少なりともある。

そんな時期に開催された5月4日の日本武道館大会では、鈴木は後述する前年4月の船木戦のときのように髙田さんにグラウンド主体の試合を挑み、最後はアキレス腱固めで一本取られた。また、メインでは船木がレガースを着用せずにリングに上がり、試合後には勝利した前田さんがうなだれる船木の耳元で何やら言葉を囁いていた。

余談だが、髙田さんはこの大会でファンに伝わらない試合をしてしまったことをあとになって反省していた。続く5月28日の宮城県スポーツセンター大会では俺が対戦したが、そのときはいつもの髙田さんに戻っていた。

8月13日の横浜アリーナ大会。この大会のマッチメーク会議では、初参戦のバート・コップス・ジュニアとの試合が組まれた鈴木が異を唱え、議論が紛糾した。鈴木は前年の東京ドーム大会のときに腕を骨折して欠場した船木の代打として、強引にモーリス・スミスとの対戦を組まれていた。本人はレスリング五輪代表デュアン・カズラスキーとの試合を熱望したが、意見

鈴木みのるとは復帰2戦目の1989年8月13日、横浜アリーナで初対決。シャチホコ固めで勝利を収めた。新生UWFで鈴木とは3度対戦した。

は通らず、そうした鬱憤が鈴木の中に溜まっていたのかもしれない。

俺から見れば、新生UWFに来てからの船木と鈴木の言動はエゴイスティックな理屈を並べているようにしか思えなかった。俺や安生、宮戸は、前田さんや高田さんに「NO」を突きつけることが許されない。新弟子のころから、そうした環境の中で育ち、理不尽に感じるようなことも自分の中で無理やり消化して受け入れてきた。

だが、船木と鈴木は先輩たちの意向よりも、自分たちの主張のほうがプライオリティーが高かった。これに関しては、船木が鈴木を焚きつけていた面もある。自分の意見を切り出しづらい局面に陥ったときは、「お前もそう思うだろ?」と鈴木を巻き込みながら議論を進めるところがあった。

これは推測の域を出ないが、髙田さんも未来のエース候補と目されていた船木の存在は快く思っていなかったのではないか。髙田さんはナンバー2のポジションをヨシとするような性格ではなく、野心に満ち溢れた人である。

ここで一旦、時計の針を戻そう。髙田vs鈴木戦が行われた日本武道館大会から遡ること9カ月前、89年8月13日の横浜アリーナ大会で髙田さんは船木と初めて対戦している。髙田さんが船木の掌底で〝幻の10カウント〟を喫したとして、物議を醸した一戦だ。

結果は、「ラクダ固め」で髙田さんが船木を降した。腕十字固めでもアキレス腱固めでもなく、古典的なプロレス技というUWFでは極めて珍しいフィニッシュに髙田さんのプライドを感じ取ったのは俺だけだろうか。

同じく89年10月25日の札幌中島体育センター大会。この日は前田さんが膝蹴りで田村の顔面を骨折させ、病院送りにした。前田さんと田村ではウエイトもキャリアも天と地ほどの開きがあったから、本来なら骨が折れるほどハードな攻撃を入れる必要は全くない。

この試合の前、田村は船木と鈴木にハッパをかけられていたという。それは「注目されるから頑張れよ」、「試合では遠慮するなよ」程度のものだったのかもしれない。だが、もし前田さんが「船木と鈴木が田村を焚きつけた」と受け取ったら、どうなるか。あの2人に対する不信感から、前田さんがああいった行動を取った可能性は否定できない。

あんな試合を目の当たりにしたら、俺も前田さんを警戒せざるを得なくなる。翌90年4月15日の博多スターレーン大会で俺は初めて前田さんと対戦したが、「このチャンスをものにしよう」といったことは一切考えず、俺の最優先事項は「絶対に大怪我をしない」ことだった。

膝蹴りだけは、何があってもブロックする。それを念頭に置きながら前田さんとリングの上で向かい合い、結果的に試合は一応、成立したので胸を撫で下ろした。前年の船木戦と比較して物足りなかったという声を耳にしたが、そもそも「あの試合を超えてやろう」なんてことは全く考えていなかったから当然の感想である。

同じ日、腕の骨折で欠場していた船木の復帰戦が行われ、鈴木と対戦している。2人はレガースを着用せず、グラウンド主体の試合を行った。これも「プロレスか、格闘技か」という議論になった際にクローズアップされる一戦だが、「身内同士によるスパーリング」のようだという印象を抱いた人も多いのではないだろうか。

実際に、この試合ではガンガンと前に出る船木らしさが発揮されていなかった。選手がやりたい試合とファンが望む試合。プロの世界では、そこに大きな齟齬があってはならない。ファンが納得するものを提供する。それがプロの仕事であり、あくまでも私見だが、当時のファンのニーズに、あの試合がマッチしていたとは思えない。

団体内部に軋みが生じていく中、6月21日の大阪府立体育会館大会では船木がレフェリーストップで山崎さんに勝利した。そして、8月13日の横浜アリーナ大会では髙田さんをドクターストップで降す。

ファンには、船木がついに「前髙山」の一角を崩して上昇気流を乗ったかのように映っただろう。この時期の船木が全てを味方につけたかの如く光り輝いていたことは俺も認める。

ただ、俺はあの横浜大会で敗れた髙田さんの憮然とした表情が今でも忘れられない。この日、終盤に放った船木の膝蹴りが髙田さんの左目を直撃した。それにより瞼が切れて流血し、髙田さん自身は続行の意思を示したものの、リングドクターの判断で試合を止められた形での初黒星だった。

大阪で山崎さんが負けたときも同じである。船木の掌底が右目を直撃して瞼も切れ、実質的にはレフェリーストップではなく、目に異変を感じた山崎さんが自ら試合を放棄したような形だった。

誤解のないように言っておくと、どちらも船木が故意で怪我をさせたとは思っていない。試合にアクシデントは付き物である。だが、プロとして疑問を感じざるを得ない結果になったことも事実だ。

新生ＵＷＦは船木と鈴木が加わったことでマッチメークの多様性が増し、俺も船木との試合では脚光を浴びた。そういったプラスの面を否定する気はない。

その反面、ただでさえ我の強い人間の集まりだった新生ＵＷＦに、同じような性質の人間がさらに２人も加わったのだから、「上３人」、「下３人」という形で何とか均整が保たれていた内部の人間関係はガタガタと崩壊していった。選手とフロントが対立しようがしまいが、いずれ新生ＵＷＦは空中分解していただろう。

ここで前田さんと神さんの軋轢についても触れなければなるまい。前田さんがフロントの横領疑惑について言及したのは、90年10月25日の大阪城ホール大会だった。それを受けて同月28

髪の襟足を伸ばし、口ひげを生やすようになったのは新生UWF後期のころ。後ろ髪を伸ばした理由は、俺は首が太くて短く、後ろ髪が短いと首と背中が上から潰されたような感じに見えてしまうため。口ひげは、元々が童顔のため、年相応に見られるように伸ばした。

日に会社は前田さんに5カ月間の出場停止処分を下し、団体のエースが謹慎に追い込まれるという異常事態が勃発する。

近年になって、会社の株は前田さん、髙田さん、山崎さん、社長の神さん、専務の鈴木氏の5等分で登記しておくはずだったのに、実際は神さんが60%、鈴木氏が30%、さらに5%ずつを神さんと鈴木氏双方の奥さんが保有していたと前田さん自身が告発したようだ。

しかしながら、旗揚げ前にそういった話は聞かされておらず、俺自身も株やその配分については全く関心がなかった。また、神さんや鈴木氏が会社の金を横領していたかどうかに関しても、俺にはよく分からないとしか言いようがない。

そして、ここからなぜか宮戸が妙なリーダーシップを発揮する。船木と歩調を合わせて、前田さんを12月1日の松本市運動公園総合体育館大会に呼び、一致団結をアピールするという流れになっていくのだが、なぜ宮戸がその音頭を取るようになったのか特に明確な理由やきっかけはなく、会社がゴタゴタしている間に気がつくとそういう形になっていた。

そんなことよりも、プロレスラーは試合をしてナンボである。松本大会で試合が組まれたのであれば、前田さんや会社がどんな状況にあってもリングに上がるのがプロの務めだ。前田さんか派か、神さん派か。そんなことはチケットを買ってくれたファンにとってはどうでもいいことで、俺も試合さえできればそれで良かった。

宮戸か船木か忘れたが、松本大会の全試合終了後に前田さんをリングに呼び込んで万歳をすること、さらに控室で集合写真を撮ること、この2点は事前に伝えられていた。

大会当日、他の選手がどういう感情を持って、その場に臨んでいたのか俺には知る由もない。俺自身は、その2つのシーンだけは宮戸たちに協力した。かといって、神さんを捨てて前田さんを選んだという感覚はなく、感情としては「無」に等しかった。

その後、俺たちは神さん、前田さんの双方から呼ばれ、それぞれ説明を受けた。話の詳細は記憶に留めていないが、神さんの説明は物事の輪郭をなぞったような感じで、やや漠然とした内容だった。

一方、前田さんの説明はそれとは全く異なるもので、俺はどちらの言い分を信用していいのか判断がつかなかった。

前田さん、神さんが同席して話し合いの場を持つことはなく、一方通行の説明が続き、ただイタズラに時間だけが浪費されていった。こんな状況で事態が解決に向かうはずはなく、俺は徐々に嫌気がさしてきた。

松本大会から1週間ほど経過したころ、俺は博多で『勝手にしやがれ』という居酒屋を経営していたＵＷＦ九州後援会会長の斎木精一さんのパーティーに呼ばれ、羽田空港に向かった。同行したスタッフは、のちの〝ブッカーＫ〟こと川崎浩一と団体解散後に映像制作会社のクエストに転職した牛場正浩。このとき、空港で購入したスポーツ紙で衝撃的な事実を知った。12月7日付で、新生ＵＷＦが全選手を解雇したという。

どうして、俺は行く先々でこうもトラブルに巻き込まれるのか。少し心がくたびれてしまった。ちょうどこの時期にお袋から母方の祖母が危篤状態にあると連絡が来たので、「いい機会」という言い方は決して適切な表現ではないが、喧騒から遠ざかろうと俺は東京を離れ、茨城の実家に雲隠れすることにした。

解雇から3日後、12月10日に新生UWFの選手会が記者会見を開き、WOWOWなどのバックアップを得て新体制の『UWF』が翌年3月からスタートすると発表している。このときは前田さんが「今、中野は親族の方が大変な状況にあるから」と気を遣ってくれ、俺は東京に呼び戻されなかった。

WOWOWがスポンサーにつくという話は、雲隠れする前に前田さんから聞かされていた。だが、この我の強い人間の集りが志を一つにして団結できるとは思えず、俺には絵空事のようにしか聞こえなかった。

「龍雄、さっき髙田さんから電話があって、夜にかけ直すそうよ」

年が明けて91年、まだ正月気分が抜け切れていなかった俺は、お袋のその言葉を聞いて一気に現実に引き戻された。

どうやら俺が外出している間に、髙田さんが連絡を入れてきたようだ。わざわざ髙田さんにかけ直してもらうのも恐縮だったので、すぐに折り返した。

「おう、たっつあん、元気か？」

電話に出たのは、いつもの調子の髙田さんだった。俺はいつしか「中野」ではなく、「たっつあん」と呼ばれるようになっていた。

「大事な話がある。何だったら、俺がそっちに出向くから」

いやいや、それだけはやめてほしい。茨城まで出てこられると、こちらがいろいろと気を遣うことになるので逆に面倒だ。

「2～3日後には東京に帰りますから、そのときにお願いします」

そう返すと、髙田さんは1月7日に選手全員が前田さんの自宅に集まって今後に向けて会議をしたこと、その席で安生と宮戸が反発し、激怒した前田さんがＵＷＦの解散を宣言したことなどを電話口で簡単に説明してくれた。

「新しい団体をやろうと思っている。一緒に来てくれないか？」

伝えたいという大事な話の核心が見えた。俺の腹は、瞬時に決まった。

「分かりました。髙田さんがやるのなら、俺もやります」

髙田さんと東京で落ち合う約束を交わし、俺は一旦都内の自宅へと戻った。

部屋に入ると、電話機のランプが点滅している。誰かが留守電にメッセージを残しているようだ。髙田さんからだろうか。

再生ボタンを押すと、聞き慣れた声が俺に語りかけてきた。

「前田です。至急、話したいことがあるので電話をください」

久々に聞く前田さんの声は、勇み立って東京に戻ってきた俺を少しばかり動揺させた。しかも、丁寧な口調がのっぴきならない事情を物語っていたように思う。

「至急、話したいこと」の内容は、本人に確認せずとも容易に推測できた。前田さんが立ち上げようとしている新団体への勧誘以外に考えられない。

このとき、新生UWFを解雇された選手たちは3派に分裂することになったが、実質的には高田さんを中心としたグループ、藤原さんを中心としたグループの2派に分かれて、前田さん一人が孤立していた形になる。もしかしたら、東京を離れていた俺がどちらのグループにも属しておらず、まだ宙に浮いていると思って電話してきたのかもしれない。

俺はすでに進路を決めていたので、前田さんに何を言われようとも、仮に頭を下げられようとも固辞することになる。そのときの空気を考えたら、とてもではないが顔を合わせるどころか、会話を交わす気にもなれなかった。だから、先輩に対して失礼千万なことは承知の上で、前田さんには折り返しの電話を入れなかった。この件については、今でも申し訳ないと思っている。

ここまでの経緯を読んでもらえば分かる通り、俺は髙田さんのグループに合流したが、安生や宮戸と違って前田さんと喧嘩別れしたわけではない。前田さんは選手たちが解雇されたあと、ポケットマネーを切り崩して給料を支払っていたという。確かに俺の口座には「選手会」の名目でちゃんと給料が振り込まれていた。当時、本人から説明がなかったのでよく分からなかったが、もしそれが本当に前田さんのポケットマネーだったのなら感謝の気持ちしかない。

そもそも、なぜ新生UWFは選手とフロントが対立しなければならなくなったのか。ここから書くことは、あくまで俺個人の意見である。裏付けが取れているわけではないから推測の域を出ないし、内部の人間から見た一つの仮説として読み進めてほしい。

俺の知る前田さんは、自分から経理の不正を追求するような人ではない。金の流れの不透明さに気づいたことにしろ、そこから躍起になって一人で横領の事実を突き止めようとしたことにしろ、その背後には前田さんに何かを吹き込んだ人間、あるいは前田さんとフロントが対立するように仕向けた人間がいたのではないか。

また、この分裂劇は安生と宮戸によるクーデターに端を発したという見方をする人もいる。だが、マッチメーク会議で意見を通すのにも苦労した彼らがたった2人だけで前田さんへの反乱を企て、実行に移せるのか。前田さんが解散を宣言したあと、宮戸が中心になって若手だけで団体を作ろうという話になったようだが、資金は誰がどこから調達するつもりだったのか。俺は、その裏にも絵を描いていた人物がいたような気がしてならない。このころ、ある人物が「このままではトップに立てない」、「新しい団体を作ったほうがいい」と髙田さんを焚きつけていたという話も聞く。

改めて断っておくが、俺は不在だったので前田さんの自宅での会議の様子も伝え聞いたことしか把握していない。藤原さんと船木、鈴木がどんな動きをしていたのかも東京にいなかったので知らなかった。あれから何年もの月日が経ち、当時のことを振り返ってみたら「そんな気がする」というだけだ。

俺自身のことを言えば、Uインターに参加した理由は、やはりそこに髙田さんがいたという事実が大きい。俺は帰京してから数日後、電話で約束した通り用賀のデニーズで髙田さんと落ち合った。

そこには髙田さんのファンクラブの会長だった鈴木健も同席した。本書には数名の「鈴木」が登場するが、他の人物と区別するため、ここでは彼の名前をフルネームで書く。

鈴木健とは、このときが初対面ではない。それまでもイベントだけではなくプライベートでも顔を合わせる機会が多く、前田さんも含めて新生UWFの選手たちとは良く知る間柄だった。調子のいい面もあるが、人脈が広く、俺も肩肘張らずに何でも気兼ねなく話せる関係にあった。

髙田さんと鈴木健は新会社を設立すること、団体名に「UWF」の3文字を残すことなど今後の方向性を具体的に説明してくれた。また、報酬などの条件面は新生UWFのころと同じ額を提示されたので、俺としては何の不満もなかった。

この段階で団体名の候補には、「UWFインターナショナル」と「UWFコネクション」の2つが挙がっていた。俺は「UWFインターナショナル」に一票を投じたが、最終的には髙田さんが団体名を決めたのだと思う。補足しておくと、Uインターの「UWF」は「ユニバーサル・レスリング・フェデレーション」の略ではなく、「ユニオン・オブ・プロフェッショナル・レスリング・フォース」の頭文字を取ったものである。

この時期、祖母の容態が思わしくなかったので、俺はすぐに茨城の実家に戻った。祖母は残念ながら帰らぬ人となり、その葬儀には神さんの会社『スペースプレゼンツ』も弔花を出してくれた。

俺は東京に戻ると、すぐに神さんの会社に足を運び、いわゆる香典返しを手渡した。だが、そこには数カ月前までの親密感は微塵もなく、神さんのよそよそしい態度に寂しさを感じた。

このとき、シリアスな会話を交わしたわけでもないし、ましてや言い争ったわけでもない。だが、今までには感じたことのない壁が俺と神さんの間にも出来上がってしまっていた。神さんは「いろいろ大変だったね」と声をかけてくれ、俺もお礼の言葉を返したが、全ての会話がぶつ切りで終わっていく。あまりにも神さんの言動が他人行儀なので、その場に長居する気にはなれなかった。

「この人との関係は終ったんだな……」

俺は心の中で独り言ちたが、仕方あるまい。体裁としては会社側が選手全員を解雇した形だが、実際には前田さんを筆頭とする選手側が一致団結し、神さんらフロント上層部を追放するような形で新生ＵＷＦは解散している。神さんから見れば、もう俺たちと親しく接しなければならない理由は何もない。結局、それまで良き兄貴分だった神さんと顔を合わせたのは、この日が最後になってしまった。

プロレスラーになって以来、人との別れで辛く悲しい思いをしたのは、このときが初めてだったかもしれない。新生UWFの末期に「横領」や「不正」などといった言葉でイメージを汚された神さんだが、俺の中での印象は旧UWFのころから一貫しており、それは今でも変わらない。

そんな辛い別れを経験しながら、俺は1991年2月20日に東京・青山で開かれたUインターの設立発表会見に出席した。所属選手の陣容は髙田さん、山崎さん、俺、安生、宮戸、田村、垣原、デビュー前の長井の8名。加えて髙田さんにトレーニングを指導していた和田良覚がレフェリーとして参加し、新日本プロレスやジャパンプロレスに在籍していた笹崎伸司さんが外部スタッフとして外国人選手のブッキングを担当することになった。

このとき、俺は初めて業界用語で言うところの「オフィス」に入っている。新会社の代表取締役社長は髙田さんで、山崎さん、俺、安生、宮戸、そして鈴木健は取締役に就任した。

細かく役割分担を決めたわけではないが、宮戸は主にマッチメーク、帰国子女で英語が喋れる安生は渉外の仕事を担当し、俺は大会のたびに知人や友人に声をかけ、チケットを他の誰よりも売るように心掛けた。

この時期、別れた新生ＵＷＦの選手たちの動向が全く気にならなかったと言えば、嘘になる。俺たちより一足早く、1月7日には藤原さんが船木、鈴木、冨宅らと新ＵＷＦ藤原組（のちにプロフェッショナル・レスリング藤原組に改称）の設立を発表していた。前田さんは3派の中では最も遅く、3月14日にリングスの設立会見を開いている。立ち上げの際にＵインター所属だった長井がリングスに移籍したが、その経緯については詳しいことは聞いていない。

Ｕインターと他の2派との相違点は何か。それはバックに大きなスポンサー企業がついていなかったことだ。藤原組はメガネスーパー、リングスはＷＯＷＯＷがバックアップしており、旗揚げに際して資金面で苦慮した部分はそれほどなかったのではないかと思う。一方、協力してくれる人たちもいたが、大きな後ろ盾を持たない俺たちは極力経費をかけないように団体を興すことを強いられた。

当時は会社法が今とは異なり、株式会社を設立するには資本金として１０００万円が必要だった。俺は役員ではあったものの、出資はしていないので株主ではない。会社を立ち上げるときの資金は、おそらく髙田さんと鈴木健が工面したのだと思う。

設立当初の事務所は狛江市猪方にあり、これは田村と垣原が探してきた物件だった。同じ狛江市内に住んでいた俺は何かあるたびに呼び出されるのではないかと心配したが、それは杞憂に終わった。役員といっても俺たち選手は出社する義務はなく、社長の髙田さんにしても毎日、事務所に顔を出していたわけではない。事務所に行くのは会議や打ち合わせがあるときだけで、それは安生や宮戸も同じだった。俺の場合は、事務所に専用のデスクがあったわけでもない。ちなみに、山崎さんは道場でも事務所でも姿を見かけることがなくなった。

フロント業務は鈴木健を筆頭に、彼や髙田さんの知り合い、髙田さんのファンクラブのスタッフの人たちが担当した。鈴木健が別れた元夫人を呼び出して仕事を手伝ってもらっていたくらいなので、察するにランニングコストはあまり余裕がなかったのだろう。

道場は寺島会長のご厚意で引き続き世田谷区大蔵の場所を使用できるようになり、新生UWFが解散して一度はYMエンタープライズに引き揚げられたリングも寺島会長の力添えで、すぐに道場に戻ってきた。チケット代金以外の命綱を持たなかったUインターは、選手・スタッフの熱意と協力者たちのサポートの上に成り立っていた〝手作りの団体〟だったと言える。

Uインターのマッチメークは、新生UWFのときのような全選手による合議制ではなかった。

ただし、宮戸はまるで現場の全権を掌握して団体をコントロールしていたかのような印象を持たれているが、マッチメークに関して決定権を持っていたわけではない。そこには髙田さんはもちろん、安生や鈴木健の意見も入ってくるし、最終的にＧＯサインを出すのは髙田さんである。だから、髙田さんの意にそぐわないカードが俺たちのところに下りてくることはなかった。

新生ＵＷＦと比べた場合、Ｕインターの際立った特徴は「プロレスこそが最強である」と標榜したことだろう。

リング上に関しても、新生ＵＷＦとＵインターで大きく異なる部分がいくつもあった。４月に正式に入団した元シュートボクシングの大江慎を中心とした立ち技のみのスタンディングバウト、ダウンやロープエスケープを奪われるごとに持ち点からポイントが引かれていくロストポイント制の採用などは、おそらくは宮戸が考えたものだろう。

俺はカードも含めて、会社に意見を伝える場合は鈴木健を通して話すようにした。これは鈴木健には意見を言いやすかったので自然とそうなっただけなのだが、カードに関しても「これでどう?」といった感じで個別に提案されることが多く、俺はよほど酷いマッチメークでない限り、会社が決めたことには従った。

プロレスに回帰したUWFインターナショナルの大きな特徴の一つと言えるのがダブルバウトの導入。試合形式はロストポイント制で、各チームの持ち点は「21」からスタート。ダウン（3点）やロープエスケープ（1点）のたび点数が引かれていくというルールだった。

旗揚げ戦に向けて、鈴木健から「中野さん、こんな案があるんだけど」と切り出されたのがダブルバウト、いわゆるタッグマッチだった。

このダブルバウトは既存のプロレスとは一線を画していた新生ＵＷＦ、同時期にスタートしたリングスや藤原組にはなかったもので、Ｕインターの独自性を示した試合形式である。俺は新日本のリングでタッグマッチは経験済みだったし、特に拒絶する理由も見当たらなかったので、とりあえず同意した。

ご存じの通り、新生ＵＷＦは団体の方向性として、タッグマッチやロープワークといった既存のプロレス然としたものには否定的な立場を示していた。それなのに、なぜダブルバウトを導入するに至ったのか。

鈴木健の説明によると、東京スポーツが主催しているプロレス大賞のタッグ部門にUWFの選手の名前がないのは寂しい、最優秀タッグチームにUWFの選手もノミネートされるようにしていきたいということだった。プロレス大賞を基準にリング上の方向性を考えるのもどうかと思うが、髙田さんもOKなら俺が否を唱えるようなことではない。

Uインターの旗揚げ戦は設立発表から約3カ月後、5月10日に後楽園ホールで開催された。大会名は『MOVING ON』で、第1試合は田村と垣原、メインは髙田さんとこれが初来日となるアメリカ人レスラー、トム・バートンのシングルバウト。俺は初のダブルバウトに臨んだが、第2試合の位置に組まれたセミファイナルという新生UWFの旗揚げ戦と似たシチュエーションだった。

俺のパートナーは山崎さんで、相手は安生と宮戸。山崎さんは新生UWF最後の松本大会でバート・ベイルに負けており、レスラーとしては下降線を辿り始めていた。この日の結果は、安生が山崎さんにKO勝ち。これが「下3人」が初めて「前髙山」の一角を崩した試合になる。

新生UWFは社会的なブームを巻き起こしたが、3派分裂によりそれも落ち着きを見せ、営業的なテコ入れをしなくてもチケットが完売するような時代は終わりを告げようとしていた。それまで1枚のチケットで観戦できていた選手が3つに分かれたのだから、いくら熱心なファンでも、どの団体の会場に足を運ぶか吟味するようになる。

当時は今と違って、新しい団体が旗揚げ戦を開催したら満員になるのは当り前だったし、それは俺たちも予測できていた。本当の勝負は、次の大会からである。Uインターは3派の中で最も所属選手の数が多く、そういった部分では不安はなかったが、今後は様々な局面で苦労することになるかもしれないという覚悟はあった。

旗揚げを前に組まれていた日程は、5月10日＝後楽園ホール、6月6日＝後楽園ホール、7月30日＝博多スターレーンの3大会。5月の後楽園大会では前述の通り、ダブルバウトで安生が山崎さんに勝利した。続く6月の後楽園大会では、その安生を俺がシングルで降している。

そして、7月の博多大会で俺はメインで髙田さんとシングルバウトを行うことになった。博多という最高の舞台で、上昇気流にある俺が髙田さんと一騎打ち。このシチュエーションで盛り上がらないはずがないし、言うまでもなくそれを見越してのマッチメークである。

ところが、当時は会社の台所事情が思わしくなく、現金収入を得るために大会開催の必要性

1991年7月3日、後楽園ホール大会での髙田延彦戦はメインイベントで組まれた。髙田さんとは新生UWF時代、89年9月30日の後楽園大会でもメインで対戦している。

に迫られた。そこで急遽、7月3日に後楽園ホールでの興行を追加。博多のメインカードだった俺と髙田さんの試合もその7月の後楽園大会にスライドされてしまい、博多大会に向かって邁進していた俺の勢いも尻すぼみになってしまった。

結局、博多で組まれたのは俺と宮戸のシングルバウト、メインは髙田さんと田村、安生とジム・ボスによるダブルバウトという急ごしらえのカード。悪いことは重なるもので、この日は台風の影響でリングが届かず試合開始時間が大幅に遅れるというオマケもついた。それでも博多のファンは文句を言わずに試合開始を待っていてくれたのだから、ありがたい。

Uインターで頭角を現した新生UWF生え抜き第1号である田村潔司とは、シングルバウトでは2度対戦。こうした有能な若手の成長は、俺にとっても良い刺激になった。

若手の田村が頭角を現してきたのも、このころだ。田村はプロレスラーとして大柄な部類ではない。だが、見た目以上にパワーも持久力もあり、持って生まれた瞬発力、体幹から発揮される力が優れていた。

こういうことを書くと身も蓋もないのかもしれないが、若手の台頭は会社の方針である。プロレスに限らず、若い人間が伸びてこない組織は成長しない。そうした有能な若手を後押しするのも俺たち先輩の役目だ。

旗揚げしたばかりのUインターは資金力に乏しく、堅実な路線を歩まざるを得なかった。しかし、この91年の最後に社運を懸けた大博打に打って出る。それが12月22日、両国国技館で行われた髙田さんと元プロボクシング世界ヘビー級王者トレバー・バービックの格闘技世界一決定戦だ。

10月30日にニューヨークで調印式を行うなどアントニオ猪木vsモハメド・アリ戦を彷彿とさせる仕掛けはプロレスファン以外の関心も集め、俺は内心「そんなに金をかけて大丈夫か⁉」と冷や冷やしながらも、Uインターにとってもプロレス界にとっても有意義なカードだと感じていた。

ところが、髙田さんが試合直前になって白人のヘビー級ボクサーとのスパーリング中に肋骨を2本折るという最悪の事態に見舞われる。全く練習ができなくなった髙田さんは針や整体などあらゆる治療を試み、気功療法も受けたという。

相手側に負傷を悟られないように選手やスタッフの間には緘口令が敷かれ、試合の1週間前に実施された公開スパーリングでも何もしなかった。

もし髙田さんが体を動かせないような事態に陥り、大会自体が中止になっていたら、Uインターは莫大な借金を抱えて、下り坂を転げ落ちて行ったに違いない。そんなリスクを背負った状況でもテーピングを一切巻くことなくリングに上がり、ローキックでバービックを「敵前逃亡」へと追い込んだ高田さんは男としても、レスラーとしても、また会社の代表としても本当に素晴らしかった。

これはお世辞でも何でもなく、舞台裏も見ていた俺の偽らざる本心である。

第10章　他団体との泥仕合は〝UWF〟の負の歴史

先輩たちの顔色を伺いながら毎日を過ごしていた新生UWFのころとは違い、Uインター時代は「ここは自分たちが作った団体」という意識を強く持っていたように思う。

環境も大きく変わり、先輩よりも後輩のほうが多くなった。俺は会社の役員でもあったので、一選手としてただ漠然と上を目指していればいいというポジションではなく、自分の考えや欲を抑えて一歩引いたスタンスで団体を見つめるようにもなった。

Uインターが走り出した当初はみんなと協調することに軸を置き、俺も朝10時に始まる合同練習に参加した。ただし、それは数カ月のみで、道場内の空気感がなんとなく出来上がり、選手間のまとまりが出てきた段階で再び一人での練習に切り替えた。

Uインターの生え抜き選手を入門順に並べると、金原弘光、髙山善廣、桜庭和志、山本健一（現・喧一）、上山龍紀、松井大二郎になる。先輩選手が新弟子を捕まえてスパーリングを行う旧UWFからの練習方法はUインターでも継承され、一人で練習するようになってからも彼らが俺の相手を務めてくれた。Uインターが「プロレスこそ最強」と謳うようになったからといって練習内容には特段の変化はなく、道場でやっていたことは常に〝格闘技〟だった。2000年代に入ると、彼らは総合格闘技やプロレスのリングで見事なまでに本領を発揮する。同じ釜の飯を食った後輩たちの活躍は俺にとっても誇らしかったし、彼らはUインターがマット界に残した財産と言っていいかもしれない。

素晴らしい人材を輩出したという点は、日本人選手だけに限った話ではない。Uインターの功績として忘れてはならないのが、それまで全く無名だったゲーリー・オブライトをトップ外国人選手にまで育てたことである。彼は1991年8月24日の静岡産業館大会に初参戦して安生をKOで降し、続く9月26日の札幌中島体育センター大会では宮戸を相手にわずか2分半で勝利。〝殺人風車〟の異名よろしく、高速スープレックスを武器に快進撃を続け、髙田さんの新たなライバルとなるに相応しいインパクトを残した。

俺は11月7日、大阪府立体育会館大会で彼の3戦目の相手を務めている。当時、「勝ったら表紙にしてください」という俺のコメントが週刊プロレスに載り、この試合に向けて、ちょっとした煽りになった。実際にはそんなことは言っておらず、記者がコメントを作ったのだが、俺はメディアへの露出がそれほど多くなかったから、どんな形であれ専門誌で扱ってくれるのはプラスにはなった。

オブライトは俺を降すと、12月22日の両国国技館大会で田村、翌92年5月8日には横浜アリーナ大会で髙田さんにも勝利し、無敗のままUインターの看板外国人選手となる。

彼はレスリングの下地があり、フィニッシュのスープレックスにも説得力があった。スパーリングで手を合わせたわけではないが、実際に強かったと思う。酒癖は悪かったものの、リングを降りたらナイスガイで、プライベートでは繊細な一面も持っていた。彼のことは今でも仲間だと思っている。

91年暮れに両国国技館で開催されたビッグマッチを成功に終わらせたことで経営的に余裕ができたのか、92年からUインターは藤原組、リングスといった他のU系2派とは異なる新たなカラーを打ち出した。それがルー・テーズ、ビル・ロビンソン、ニック・ボックウィンクル、ダニー・ホッジといったレジェンドレスラーたちの招聘である。

5月8日の横浜アリーナ大会ではロビンソンさんとニックさんのエキシビションマッチが組まれ、9月21日の大阪府立体育会館大会では髙田さんとオブライトの一戦にテーズさんから贈られたベルトが懸けられて、「プロレスリング世界ヘビー級選手権試合」として行われた。この大阪大会にはテーズさんだけでなく、ロビンソンさん、ホッジさんも立会人として来日し、オブライトを降して〝テーズベルト〟を腰に巻いた髙田さんは試合後、リング上でレジェンドたちと4ショットに納まった。

これらはUインター及びエースの髙田さんを権威づけるための仕掛けとして宮戸がひねり出したものだが、俺個人はそうしたオールドタイマーは必要ないという考えだった。宮戸はテーズさんやロビンソンさんたちを何かとありがたがっていたようであるが、元々カール・ゴッチさん派の俺は彼らと対面しても全くトキメキは覚えなかった。一応、業界の大先輩にあたるため髙田さんも敬意を持って接してはいたが、彼らのキャリアや威光にはさほど興味を示していなかったように思う。はっきり言って、あれは金の無駄遣いだった。

この年は外国人選手の補強にも力を入れ、8月には新日本の常連だったバッドニュース・アレン、10月には元WWF（現WWE）王者のアイアン・シークが参戦している。こうした人選も宮戸の主導によるもので、会議の席では前田さんが83年にイギリス修行から帰国した際、凱旋試合の相手を務めたポール・オーンドーフの名前も挙がった。

アレンは柔道、シークはレスリングの実績があるからまだいいとして、オーンドーフの名前が出たときは首を捻らざるを得なかった。翌年以降にはビッグバン・ベイダーやジョン・テンタらもUインターのリングに上がるようになるが、こうした〝UWF〟の本筋から逸脱した流れには田村以下の若手たちも難色を示していたようで、口には出さずとも不満があったのではないだろうか。

そうした外国人選手たちにUインターのルールやスタイルを説明するのは英語が堪能な安生の役目であり、試合の1週間ほど前に来日してもらい若手たちとスパーリングをさせることもあったと聞く。

アレンは8月14日の札幌中島体育センター大会から参戦したが、本来は新日本の次期シリーズ出場予定選手に名を連ねていた。そのため、新日本側からUインターに参戦中止通告が出されるなど両団体の間に摩擦を起こすことになった。Uインターは歴史の中で他団体と不必要な喧嘩をよくしていたが、これが最初である。

アレンの初戦の相手はオブライトで、続く8月28日の後楽園ホール大会も同じカードだった。結果はオブライトの2連勝に終わったものの、試合が相当やりづらかったらしく、控室に戻ってくると激怒しながらアレンのことをボロクソにこき下ろしていた。その後、髙山や桜庭ら若手たちもアレンと絡んだが、一様に苦戦している。相手はとうに全盛期を過ぎているのに、なぜみんな手こずるのか。

のちに俺も実際に肌を合わせてみて、その理由が分かった。95年1月16日、日本武道館大会でアレンと初対戦したが、彼は俺を抑え込むとガチガチに固めてきた。そこから動いて次の展開につなげるわけでもなく、関節を極めに来るわけでもなく、これでは全く試合にならない。結果は俺の勝ちだったが、怒り狂っていたオブライトの気持ちがよく理解できた。

話を92年に戻そう。アレンの件で生じた火種にガソリンでも撒くかのように、Uインターは新日本に対して要らぬ挑発に打って出ている。

髙田さんがテーズさん所縁のベルトを獲得した時期、新日本では蝶野正洋がNWA世界ヘビー級王座を保持しており、雑誌のインタビューを受けた際、挑戦者を広く募っていたテーズさんの発言に呼応する形で髙田さんの名前を出したらしい。ただし、それはファンに向けた単なるリップサービスであり、何の具体性もない話であることは誰にでも分かるだろう。だが、その言葉尻を捕えて噛みついていったのがUインターというか、宮戸だった。

このあたりの経緯は説明するのもバカバカしいのだが、10月23日の日本武道館大会でテーズさんがリングに上がり、「蝶野よ、髙田と対戦しろ」とコメントを出した。さらに同月26日には宮戸と鈴木健がテーズさんとマスコミを連れて新日本の事務所にアポなしで出向き、蝶野への対戦要望書を提出する。

11月9日に宮戸、安生、鈴木健が改めて新日本の事務所に出向いて話し合いの場が持たれたが、最終的には交渉決裂という形で事態は収束した。しかも、Uインター側が新日本から提示された「リスク料3000万円を事前に新日本に支払う」、「大晦日に巌流島で4対4の挑戦者決定バトルロイヤルを開催する」という条件をマスコミに暴露して、向こうの現場責任者だった長州さんが激怒するというオチまでついた。

この件に関して俺には事前の相談はなく、宮戸たちが新日本の事務所に乗り込んだことは報道で知ったくらいだ。俺は宮戸の真意が読み取れず、「何をバカなことをやってるんだろう?」としか思わなかったが、このあとにUインターはベイダー参戦時にも新日本と揉め、そうした数々のトラブルはのちの対抗戦の布石になるが、それはあくまで結果論でしかない。この「根回しなしの交渉」はUインターの特色の一つとされるが、そう言われること自体が恥ずかしいという気持ちしかない。

この92年は、プロレス界に〝最強・高田延彦の時代〟が到来した年でもあった。髙田さんと北尾光司の格闘技世界一決定戦が行われたのは、10月23日の日本武道館大会。宮戸たちがテーズさんを連れて新日本の事務所に乗り込む3日前のことである。この試合の裏舞台については、髙田さんが雑誌や書籍などで自ら明かしているのであれば、その通りなのだろう。

テーズベルトを獲得したことや北尾戦での劇的なKO勝利などが評価され、髙田さんはこの年のプロレス大賞でMVPを受賞し、「平成の格闘王」と呼ばれるようになる。誤解のないように言っておくと、俺の知る髙田延彦はこれ以前からずっと強かった。この1年間で髙田さんが劇的な進化を遂げたわけではなく、世間の評価がここにきて髙田さんに追いついたという印象しかない。

この時期、若手たちは若手たちで宮戸主導の路線とは別に、自分たちの理想、〝UWF〟としてやるべき試合を模索していたようだ。これは俺にとって良い印象が残っている試合ではないが、Uインターという団体の特殊性を物語る一戦として取り上げておいたほうがいいだろう。92年9月21日、大阪府立体育会館大会での垣原戦である。

この日、俺は試合開始早々に垣原の掌底のラッシュを浴び、左目の眼窩底を骨折した。猛烈な痛みに襲われた俺は思わずマットに膝をつき、いきなりダウンを取られてしまった。

「こいつ、仕掛けてきたな……」

このとき、俺は垣原の行為をそう捉えた。ここで気持ちが萎え、試合を投げていたら、もしかしたら勝利は垣原のほうに転がったかもしれない。だが、俺は後輩を相手に自ら試合を放棄するようなことは絶対にしたくなかった。それは俺のプライドが許さない。

鼻から噴き出した鮮血は全く止まる気配を見せず、俺と垣原の上半身を朱に染めた。それでも垣原は掌底の連打を緩めない。だが、やられたらやり返すというのが俺の性分である。鉄壁なガードに徹し、フィニッシュの逆エビ固めに入る直前、俺は怒りに任せて垣原の後頭部を蹴り上げてやった。

この試合について、垣原と深く話したことはない。垣原に何らかの〝意図〟があったことは肌で感じ取ったが、鬱憤が溜まっていたのかもしれないし、試合に対する意気込みがああいう形になって表れただけかもしれない。

いずれにしろ、俺自身は緊急入院することになり、左目の手術を受けた。今でこそ垣原とは

1992年9月21日、大阪府立体育会館での垣原賢人戦。俺は眼窩底骨折を負い、垣原も返り血を浴びて上半身が真っ赤に染まる壮絶な一戦となった。今でこそ垣原とは仲良く話せるが、当時ははらわたが煮えくり返ったものだ。

普通に会話できるが、このときは腹の虫がどうにもこうにも収まらず、入院中は「退院したら絶対にやってやる」と本気で思っていた。垣原は申し訳なさそうな顔をして見舞いに訪れたが、彼の謝罪を受け入れる気には全くなれず、一切目を合わさなかった。

翌93年2月14日の日本武道館大会。ここで俺の復帰戦が組まれた。宮戸も粋なカードを考えてくれたもので、相手は垣原である。

「おい、たっつあん」

試合に向けて準備をしていると、同じ控室にいた髙田さんに呼びかけられた。

「お前の気持ちは分かる。でもな、試合はプロとして、しっかりとやってくれ。頼んだぞ」

だが、俺は「はい」と返答しながらも、心の中では「仕掛けてやろう」と考えていた。

ところが、この日の垣原は大阪のときとは打って変わって大人しく、あっさりと俺に敗れ去った。相手がそういう状態なのに仕掛けたら、俺のほうが大人げないと思われる。このとき、垣原はまだデビューして3年目だった。もしかしたら、俺が欠場している間に「プロとは何か？」ということを彼なりに考えたのかもしれない。

この日本武道館大会では、先ほども名前が出た新日本のトップ外国人選手だったベイダーのUインター参戦が発表された。

新日本とベイダーの間には翌94年2月まで契約が残っていたのだが、それを無視して引き抜いた形になるから、当然のように新日本側は参戦を阻止する動きを見せた。また、「ビッグバン・ベイダー」というリングネームの権利も新日本が所有していたようで、詳しい事情は知らないが、Uインターには「スーパー・ベイダー」の名で上がることになった。

当然、このベイダー参戦のクライマックスは髙田さんとの初対決である。だが、序章となる試合も必要だ。

ある日、クルマの中で何気なくスポーツ新聞を眺めていたら、こんなコピーが躍った週刊プロレスの広告が目に飛び込んできた。

「ベイダー参戦、本誌はこの男を指名！」

俺には関係ない話だろうと気にも留めなかったが、自宅に戻ると友達から少し慌てた様子で電話がかかってきた。

「ベイダーとやるって本当なの？」

話を聞くと、どうやら週プロがベイダーのUインター初戦の相手として俺を推してくれているようだ。

すぐに髙田さんからも連絡が入った。

「たっつあん、週プロが煽ってくれてるじゃん。どう？　やりたい？」

「やります」

「じゃあ、頼む」

カード決定まで、ほんの数秒。俺にとって久々の大一番は、髙田さんのこの一言で決まった。

だが、ベイダーとは体重にかなりの開きがある。〝プロレス〟か〝格闘技〟かといったこととは関係なしに、リング上で何が起こっても対応できるだけのコンディションは作っておかなけ

1993年5月6日、日本武道館でのスーパー・ベイダー戦はUインター時代の俺のベストバウト。試合前、レフェリーの和田良覚は「何かあったら、すぐに止めるからね」と真顔で語っていた。

ればならない。俺は自分に対しても胸を張れるだけの練習量をこなし、この一戦に臨んだ。
93年5月6日の日本武道館大会。実際に肌を合わせるとベイダーはUインターのスタイルを理解していたとは思えず、基本的には新日本などで使っていたプロレス技を中心に試合を組み立てていた。結果は俺の負けだったが、ファンの熱い声援を肌で感じ、それなりに清々しい気持ちでリングを降りることができた。試合後にホッジさんが「グッド」と声をかけてくれたが、ベイダーのバックを取ってからのテイクダウンが素晴らしかったとのこと。オールドタイマーには興味のない俺だったが、褒めてもらえるのは素直にうれしい。

この年の暮れ、12月5日にUインターは神宮球場に初進出している。メインイベントは髙田さんとベイダーのプロレスリング世界ヘビー級選手権試合。髙田さんは2度目の防衛に成功し、俺の感覚ではこの神宮大会あたりまでUインターは上り調子にあったように思う。

ここで話を進める前に、当時の時代背景にも触れておこう。この93年は藤原組を離脱した船木と鈴木が9月にパンクラスを旗揚げし、11月にはUFCの第1回大会が開催された。立ち技のK－1がスタートしたのも、この年である。

ご存じのようにパンクラスは「完全実力主義」を標榜し、マスコミも彼らの試合を〝格闘技〟として報道した。それについては俺がとやかく言う筋合いはなく、彼らなりの方法論で突き進んでいけばいいと思っていた。

ただし、パンクラスと比べられた際、Uインターの試合はどのように映るのか。そうした意識は頭の中に存在していたから、俺は常に体を張った試合をすることを心掛けていた。

田村以下の若手たちに関して言えば、パンクラスに感化された部分は確実にあった。マッチメーク担当の宮戸に直接、「ああいう試合がしたい」と相談した選手もいたかもしれない。時代の流れは明らかにそうした方向に進みかけていたし、もしUインターが団体の方針として本格的に〝格闘技〟に舵を切っていたら俺も対応を迫られていただろう。

UFCの存在も無視はできなかった。下から極めるという俺たちとは違う技術体系を持つ柔術家ホイス・グレイシーの試合を映像で見て、俺は軽い衝撃を覚えた。

しかも、第1回大会にはウェイン・シャムロック、ジェラルド・ゴルドーなどUWFに関係した選手も出場していた。パンクラスのエース外国人だったシャムロックがホイスのスリーパーホールドの前に敗北したという事実は素直に受け取るしかなく、とにかくUFCはスタートの段階でUWFというものと接点を持った。当然、俺たちUインターも避けては通れなくなると思ったし、「あれは全くの別物」というスタンスが通用しないことは分かり切っていた。

そんな状況の中、年が明けて94年を迎える。この1年は身内の恥を晒すようで、個人的にはあまり振り返りたくない。だが、役員としての自戒の念を込め、ありのままをここに記す。

2月15日、Uインターは安生、宮戸、鈴木健が出席のもと会見を開いて『プロレスリング・ワールド・トーナメント』、通称「1億円トーナメント」の開催を発表し、リングスの前田さん、パンクラスの船木、WARの天龍源一郎さん、新日本の橋本真也、全日本の三沢光晴さんに招待状を送りつけて、参戦を呼び掛けた。

この件に関して、大まかな内容は聞かされてはいた。だが、事前交渉を一切せずに一方的に招待状を送りつけるなんて喧嘩を売っているようなものだ。これは業界のルールから外れた行動で、正直やりすぎではないかと思った。

当然のことながら、他団体からは大きな反発を食らったが、唯一反応したのが前田さんだった。しかし、リングス側がトーナメント参戦ではなく団体対抗戦を提案してきたことで事態はさらにややこしくなり、前田さんのプランを宮戸がマスコミを使って批判するなど両団体の関係は次第に険悪化していく。

結果的に1億円トーナメントは他団体の選手が誰も参加しないまま、4月3日の大阪城ホール大会でスタートする。この日、安生は試合後に「今の前田さんには200％勝てる自信がある」と余計なことを口にした。元付き人にそんなことを言われて前田さんが受け流すはずはなく、2人は雑誌などを通じて舌戦を展開し始める。最終的には安生が脅迫・名誉毀損で前田さんを告訴。それを受けて、前田さんが記者会見で謝罪するに至った。

この時期、髙田さんはフジテレビのスポーツ情報番組『スポーツＷＡＶＥ』のメインキャスターに起用されていたので多忙を極めていた。髙田さん自身は筋が通らないことは嫌う人だが、現場のことまで気が回らず、宮戸と安生に任せっきりになっていたところはある。

もっと言えば、宮戸が吠えるだけ吠えて挑発し、前田さんが本当にUインターに参戦することになっても、リング上で相手をするのは髙田さんか安生だ。自分は戦う必要がないという安心感もあって、宮戸は好き勝手なことが言えた部分も大きい。

これは、まさに観客不在の泥仕合だった。はっきり言って、プロとしてみっともないし、同じ会社の人間として恥ずかしかった。これらの言動は、安生と宮戸の前田さんに対する個人的な感情が下敷きになっていたことは言うまでもない。この一連の出来事が雑誌や新聞の記事として後世に残り、UWFの歴史として語られると思うと本当に情けなくなってしまう。

当時、こうしたUインターのなりふり構わぬ言動に疑問を抱いた人も少なくなかっただろう。客観的に見て、1億円トーナメントへの参戦要求や安生の挑発コメントがプロレスファンの共感を得られたとは思えない。

悪いことは続くもので、12月7日には安生がヒクソン・グレイシーの元に出向いて道場破りに失敗する。この件は新聞で知ったが、俺は事の重大さをあまり認識せずに「ああ、そんなことがあったんだ」くらいにしか感じなかった。安生は渉外担当としてヒクソンとUインター参戦の交渉をするつもりでロサンゼルスに向かったが、現地に到着してから道場破りを敢行するハメになったという。つまり事前に何も準備をしておらず、そんな気構えでヒクソンと対峙したら、返り討ちに遭ったとしても仕方がない。

前田さんに200％勝てると大口を叩いていた安生が簡単にやられてしまったわけだから、ファンの見る目が厳しくなることは予測できた。髙田さんが〝最強〟のイメージを築き上げ、上昇気流に乗っていたはずのUインターは、ここから急速に下降線を描いていくことになる。

第11章　臨戦態勢で臨んだ新日本プロレスとの対抗戦

Uインターの契約更改は、毎年5月に行われていた。複数年ではなく1年ごとの契約で、年俸を12等分した額が毎月振り込まれるのは新生UWFと同じだった。変わった点は、前にも書いたように俺は単なる契約選手ではなく役員、つまり会社を運営する側の人間になったことだ。当然、経営が不振に陥ったら、その責任を負わなければならない。

95年の契約更改で、俺は減俸になった。社長の髙田さん曰く、会社の台所事情が苦しくなり、役員全員の報酬をカットするという。旧UWFでデビューして以来、収入が下がったのはこのときが初めてだった。

「たっつあん、悪いけど、納得してくれないか」

前年あたりから、Uインターの観客動員が落ちてきていることは俺も把握していた。そうした現状を打破できるのであれば、リングスと泥仕合を展開するのも仕方ないかもしれないという思いもあって安生と前田さんの舌戦を静観していたのだが、それも焼け石に水だったようだ。

組織というのは難しいもので、状況が好転するまでは、みんなが一致団結して一つの方向に突き進もうとする。しかし、会社が潤ってくると、欲をかくようになる。さらにひとたび状況が悪化すれば、個々の満たされない欲求は会社への不満へと変換され、組織は一気に求心力を失う。この95年という年は、Uインター内部のほころびが立て続けに露呈した1年だった。

6月18日の両国国技館大会。この日、メインで垣原を降した髙田さんはマイクを手にすると、唐突に「近い将来、引退します」と宣言した。この件はまさに寝耳に水で、俺が知る限り試合前の控室でもそんなことを言い出す予兆は全くなかった。会場からの帰り際、髙田さんの奥さんの向井亜紀さんと顔を合わせたので「あの発言は、どういうことなんですか？」と尋ねると、向井さんも何も聞いていなかったらしく、「私にも分からないんです」と戸惑っていた。

また、この両国大会ではオブライトが田村を相手に不可解なラフファイトを見せた。謎の引退発言があったり、不穏な試合が行われたり、当時のUインターの混乱ぶりを象徴するような1日となったが、俺自身はどちらも詳しい事情は知らず、首を傾げざるを得なかった。

月が変わり7月4日、髙田さんは元阪神タイガースの小林繁さんが代表を務める政党『さわやか新党』から参議院議員選挙に立候補した。この出馬と先の引退発言の因果関係は分からない。会社の懐事情が悪くなっていく中、髙田さんは代表取締役社長の重責を一人で背負い、精神的に疲れてしまっていた部分もあったのかもしれない。

選挙に出ることは、俺も少し前に聞かされていた。この出馬は会社の経営状況と無関係ではなく、政治家になれば活動や人脈の幅も広がるし、ひいてはそれが会社の利益につながるかもしれないというのが髙田さんの説明だった。

「だから、会社のために応援してくれないか」

そう言われたら応援する他ないのだが、餅は餅屋である。それまで政治的な活動をしていなかったプロレスラーが知名度だけで当選するのは難しいだろうとは思った。結局、さわやか新党は立候補者全員が落選し、髙田さんの政界進出は水泡に帰した。

この7月は、Uインター内部も混沌としていた。選挙活動で髙田さんがいない間、13日の静岡産業館大会と22日の博多スターレーン大会でメインを務めたのが田村だった。髙田延彦という絶対的なエースが不在の中、彼は大役を果たしたと思う。

このころ、若手たちは結束が固まりつつあり、そんな彼らを宮戸はパンクラスに連れて行こうとしたと聞く。だが、この計画は実現せず、宮戸は会場には顔を出すものの、要職からは離れて、いるのかいないのか分からない空気のような存在になっていった。

ここからは本当に敵なので、呼び捨てにしたいところだが、我慢して「山崎氏」と書く。俺たちにとって青天の霹靂だったのが山崎氏の離脱だ。

山崎氏は7月2日に各マスコミにファックスを送り、Uインターを退団してフリーランスになったと発表した。続けて、同月6日には記者会見を開いている。

前述の通り、Uインターの契約更改は5月に終わっていた。この時期、山崎氏が退団に関して髙田さんや鈴木健たちとミーティングをしたという話は聞いたことがない。翌年5月までは所属選手なので、もし勝手に辞めて他のリングに上がったら契約違反ということになる。あのタイミングで山崎氏が退団し、新日本に行った理由を俺は知らないし、さして興味もない。

髙田さんと山崎氏の仲は、それ以前から冷え込んでいた。山崎氏も会社の役員だったが、会議にも参加しないし、道場にも来ない。つまり会社のために有意義な意見を出すこともなければ、後輩の面倒を見ることもなく、自分の将来だけを見据えて整体師になるための勉強をしていた。経営者側から見れば、団体が大変なときに何の協力もしない、自分のことしか考えていない身勝手な役員ということになる。髙田さんが愛想をつかすのも無理はない。

このとき、選挙期間中だった髙田さんは仕方がないとして、なぜか安生も鈴木健も口をつぐんだままで、山崎氏が辞めていった理由や経緯を選手やスタッフたちに説明しなかった。リング上のナンバー2が突然、去って行ったのだ。それなのに、先輩たちは何の行動も起こさないのか。俺は後輩たちのそんな視線を感じた。

不満を募らせる若い連中を納得させるためには、どうすればいいか。それにはクドクドと説明するよりも、単刀直入に簡潔な言葉でメッセージを発信したほうがいい。

7月22日の博多スターレーン大会。試合後、俺は「ちょっと待っててくれ」と対戦相手の髙山にもリングに残ってもらい、マイクを握って叫んだ。

「山崎のバカヤロー！　お前なんか何もできねえじゃねえか！」

長いキャリアの中で、俺がマイクアピールを行ったのは後にも先にもこの一度きりである。

俺たち上の人間だって憤りを感じているという気持ちを後輩たちに伝えるため、俺はあえて「バカヤロー」というストレートな言葉をチョイスした。後輩や若いスタッフたちは、この言動を「よく言ってくれました」と絶賛してくれた。

髙田さんは団体内部のゴタゴタにプラスして選挙にも落選し、心身共に憔悴し切っていた。

8月18日の東京ベイNKホール大会で2カ月ぶりのリング復帰を果たすも、全くもって元気がなく、相手を務めた俺も非常にやりづらい思いをした。いつもならスタンドでボディブローを入れると倍返ししてくるのに、それもない。

このNKホール大会は、メインを務めた田村が試合終了後に髙田さんに対して「僕と真剣勝負してください」と発言した日である。だが、矛先を向けられた髙田さんはそれどころではなく、この時点ですでに水面下では対抗戦に向けた新日本との話し合いが進んでいたらしい。

新日本との交渉は髙田さん、安生、鈴木健の3人が行っていたようで、俺のところには決定事項になった段階で話が下りてきた。

一方で、山崎氏の契約違反問題に関してUインターの鈴木健は法的措置も辞さないと主張し、新日本の長州さん、当時の取締役企画宣伝部長・永島勝司さんとマスコミを通じて舌戦を展開していた。そんな中、8月24日に両団体が同時間帯に記者会見を開き、髙田さんと長州さんの電話会談によって対抗戦が決定する。確かこの時点で、俺も対抗戦をやるということは聞かされていたはずだ。

全面対抗戦は10月9日の東京ドーム大会に決まったが、それに先駆けて9月23日、新日本の横浜アリーナ大会で前哨戦が組まれることになった。

電話会談から約2週間後、9月5日に俺は髙田さんから呼ばれて事務所に向かった。会議室に入ると、そこには髙田さんと安生がいた。髙田さんの眉間には皺が寄っており、機嫌が悪いことはすぐに分かった。

「安生、代わりに頼む」

髙田さんは、話す気力もないと言わんばかりに安生に振った。

「中野さん、新日本との対抗戦、出てくれます？」

「いいよ」

俺がそう答えると、髙田さんの表情が一変し、急に明るくなって、「6秒だよ、6秒！」とはしゃぎだした。

「一体、どうしたんですか？」

「いや、実はさっき田村がここに来て、絶対にやりたくないと言うんだよ」

髙田さんがウンザリしていた理由が分かった。田村は髙田さんの説得に応じず、対抗戦への出場を拒否したようだ。そのあとに来た俺が即答でＯＫしたから、一気に機嫌が良くなったのである。髙田さんが続けた。

「横浜アリーナ、安生と一緒に出てくれよ。これから、マスコミを呼んで会見を開くから」

「その試合は、顔見せみたいなものですか?」

「ああ、そのつもりでいい」

髙田さんは軽い口ぶりでそう言ったが、これは対抗戦の一発目のカードだ。実際にリングに上がる俺としては、単なる〝顔見せ〟で終わらせるわけにはいかない。俺はこの試合は前哨戦ではなく、「ここからが本番」という捉え方をしたが、それから数時間後に事態をあまり把握できないまま会見に出席し、とりあえず「長州、山崎組とやりたい」とだけコメントした。

東京ドーム大会の全対戦カードが発表されたのは、翌6日のことである。出場メンバーは髙田さん、俺、安生、宮戸、垣原、金原、髙山、桜庭、山本の他、92年12月20日に髙田さんと対戦し、そのあとに正式入団した佐野選手も名を連ねた。

佐野選手が入団してきたことについては一切異論はなく、むしろ好意的に受け止めた。前にも述べたが、佐野選手は新日本の若手時代から非常に器用で、Uインターにとって戦力になることは間違いない。ただ、この件に関して田村や垣原たちはあまり快く思っていなかったようで、船木と鈴木が新生ＵＷＦに移籍してきたときの俺の心境と似た部分があったと思う。

この発表された全カードに田村の名前はなかった。俺も一人の選手としては、田村の気持ちは分からなくもない。新日本と絡むことで、これまで築いてきたものが崩れてしまう。そう考えるのは理解できるし、俺も田村と同じようなキャリアだったら拒否していたかもしれない。だから、田村に対して「会社の決定に背くのか！」と文句を言うつもりはなかった。

反面、田村も組織の一員であることを考えると、会社の方針に反してまで自分の信念を押し通すのは肯定できない部分もある。垣原や金原たちも、本音では対抗戦に出たくなかったはずだ。田村は会社の決定に従わなかったということで減俸のペナルティーを課せられたようだが、そこは仕方がないという思いもある。

当初は宮戸も対抗戦のメンバーに入っており、蝶野正洋とのシングルマッチが決定していた。しかし、いつの間にか会社から姿を消し、このカードも消滅している。

横浜アリーナ大会の直前にはサイパン合宿が行われ、これは対抗戦を盛り上げるための〝画作り〟が主な目的だった。俺はちょうど実家の父方の祖母が亡くなって喪中だったため、参加を辞退すると会社側に伝えていた。しかも、大事な横浜アリーナの試合が直後に控えていたので、画作りのためにサイパンに行くくらいなら道場で練習していたほうがいい。しかし、髙田さんは首を縦に振ってくれなかった。

「たっつあん、お前は対抗戦の主役の一人なんだから、合宿に参加して集合写真に納まってくれないと困る」

「いえ、今は喪中なんです。行けません」

「ダメだ」

そんなやり取りの末、俺は自分の意見を押し通すことを諦めた。確かに髙田さんの言い分も分かる。対抗戦を盛り上げるためには、ここで一致団結をアピールしたほうがいい。そこで俺は撮影が終わったら、すぐに一人で日本に帰ることを了承してもらった上で合宿に参加した。

Uインターが旗揚げして以降、俺は自分なりに会社のためを思って行動してきたつもりだった。よほどのことがない限り、マッチメークにも文句はつけなかった。レスラーとしての「個」よりも団体としての「和」を優先し、若手たちの成長にも力を貸してきた。

しかし、そうすることで俺自身の商品価値は上がったのか。答えは否だ。この時期、俺の中ではそんな気持ちが芽生え始めていた。

対抗戦に関しては、新生ＵＷＦが始まる前に新日本のリングに上がっていたから、それほど抵抗はなかった。ただし、一介の若手だったあのころとは立場が変わっている。

今だったら、誰が相手でも自分の存在をアピールできるような試合をこなせる。俺の中では会社のためという気持ちも当然あったが、〝中野龍雄〟というプロレスラーの商品価値を上げることも対抗戦への大きなモチベーションになっていた。

全面対抗戦の前哨戦となる横浜アリーナ大会のカードはタッグマッチで、出場メンバーはＵインター側が俺と安生、新日本側は長州さんと「Ｘ」と発表された。長州さんのパートナーとなる「Ｘ」は安田忠夫という話もあったが、最終的に誰になるかは本当に試合の数日前まで俺たちも知らされていなかった。

さて、大会当日。横浜アリーナの控室は広く、ドアの近くには若手たち、奥のほうには髙田さんや俺、安生が陣取った。久々に新日本の会場に足を踏み入れると、そこには懐かしい顔もあれば、二度と見たくない顔もあった。

「オース」

空気の読めない訪問者。その名は山崎一夫氏という。俺たちの控室にひょっこりと顔を出した山崎氏に対し、ドアの近くにいた若手たちは「お疲れ様です」と形式上、会釈した。俺は入ってきたことには気づいたものの、完全に無視。髙田さんも一瞥しただけで、言葉を返さなかった。

「何なんですか、あれ?」

俺がそう言って顎で指すと、髙田さんは「知らねえよ」と一言。山崎氏もまさか新日本がUインターと対抗戦をやることになるとは思っていなかっただろう。これから頻繁に会場で顔を合わせる可能性があるため、自分から挨拶に来たのだろうか。正直、余計な振舞いである。

そんな感じで、バックステージでは多くの選手や関係者たちが行き来していた。Uインター側の控室から一歩出れば、見知った新日本のスタッフと顔を合わせることもあり、雑談を交わす中で向こう側の控室の様子が漏れ聞こえてきた。

「怖いんだよ……」

俺たちとの試合を前に、長州さんがそんな言葉を漏らしていたという。その胸中は想像するしかないが、確かに長州さんから見たら俺も安生も勝手が分からない相手だ。前田さんが起こした顔面蹴撃事件の当事者でもあるから、何かしら警戒していた部分があったのかもしれない。

当日発表の「X」は、新人の永田裕志だった。この日、永田はこれが2試合目で、随分とUインターを見下したマッチメークだが、そういった余計なことはあまり意識せず、俺は自分の役目を全うすることだけを考えていた。

結果的にこの試合は喧嘩マッチの様相を呈し、安生と永田が共に顔面を腫らすことになった。事の発端は永田のタックルである。

アマレス出身の永田は、安生が蹴りを出そうとしたタイミングでタックルに入った。そのため安生の膝と正面衝突し、無防備な状態で顔面に膝蹴りを食らう形になった。

もちろん、これは故意ではなくアクシデントである。ところが、ムキになった永田が馬乗りになってお返しの打撃を食らわせたため、安生も〝お岩さん〟になる憂き目に遭った。

若手の攻撃で安生が顔を腫らしたのでファンには「新日本強し」を印象づけてしまったかもしれないが、俺に言わせれば、これは永田の未熟さが招いた事態でしかない。蹴りをブロックしてからタックルに入れば良かったものを、不用意に突っ込むから、ああいうことになるのだ。

リング上が緊迫した状況になったので、俺自身は冷静さを保つようにした。そこは長州さんも同じで、一緒に熱くなっていたら試合が成立しない。

1995年9月23日、新日本プロレスの横浜アリーナ大会で行われた長州力＆永田裕志とのタッグマッチ。試合は俺たちが勝利するも、新人の永田の掌底によって安生が顔を腫らした。これがなければ、また違ったイメージを残した試合になっていたかもしれない。

結局、この前哨戦はUインター側の勝利に終わった。フィニッシュは俺の腕十字固め。冷静さを失わないようにしていたが、実は永田に対して俺もカチンと来る場面があり、最後は折れてもいいと思いながら肘が脱臼する寸前まで思い切り腕を捻ってやった。

この横浜の一戦は荒れ模様になってしまったが、安生や永田の姿を見て有事の際に対応できるだけの気構えや備えの重要性を改めて実感した。

そこで俺は対策の一環として、次の試合からニーパッドを外してリングに上がるようにした。何か起こった際、生の膝蹴りを相手に叩き込むためだ。その次の試合こそが10月9

日、東京ドームでの橋本真也戦である。

　ＵＷＦスタイルの象徴とも言えるレガースは、自分の脛を守るだけではなく、相手に致命傷を負わせないために考案されたものだ。蹴りの威力のみにフォーカスするのであれば、キックボクサーがそうしているようにレガースは外したほうがいい。しかし、この東京ドーム大会の第１試合に出場した金原のようにレガースもニーパッドもつけずにリングに上がると、さすがに相手も警戒する。俺はレガースは装着してニーパッドだけを外し、拳にはテーピングをがっちりと巻き、さらに足首には硬めのサポーターを履いて、どんな試合になってもいいように準備だけは整えておいた。

　結果的に、俺も橋本も試合では最後まで冷静さを保っていたと思う。若手時代に対戦したときのように、お互いに不必要なまで気を遣うこともなかった。敗れはしたが、俺もあの巨体をブレーンバスターとジャーマンで投げ、意地は見せられたのではないだろうか。

　だが、この試合で大きなダメージも負っている。最後の垂直落下式ＤＤＴを食らった瞬間、体中に電気が走った。これに関しては、橋本が故意でやったかどうかは分からない。

　メインの髙田さんと武藤敬司の試合については、ここで改めて詳しく書くまでもないだろう。

1995年10月9日、新日本の東京ドーム大会で橋本真也に決めたジャーマン・スープレックス。俺にはどんなに体が大きな相手でもクラッチさえ組めればスープレックスで投げられる自信があり、新生UWFのころは140キロのジョニー・バレットも投げている。

最後はドラゴンスクリューからの足4の字固めで武藤が勝ったが、〝UWF〟の選手が古典的なプロレスの技でギブアップ負けを喫するのは、やはりイメージ的には良くない。この日は全8試合が組まれ、Uインター側の3勝5敗に終わっている。ここから半年間続いた対抗戦全体を見れば、戦績はほぼ五分だが、アドバンテージを取っていたのは明らかに新日本だった。特に東京ドーム大会のメインでは、そうした新日本の政治力の強さを見た気がする。

このメインでは、俺も髙田さんのセコンドについた。今だから言えることだが、髙田さんのセコンドにつけば、確実にテレビの中継に映ると思ったからである。あくまでも自分を売る手段として、あの場を活用させてもらったわけだが、橋本の垂直落下式ＤＤＴで胸椎が圧迫され、かなり苦しかったので、大会終了後にはすぐに救急病院へと向かった。

この全面対抗戦は主催者発表で６万７０００人もの観客が集まり、当時の東京ドーム興行の動員記録を塗り替えている。俺の元にも橋本戦が決まった途端、普段はチケットを頼んでこないような人たちから電話がかかってきた。大会後の反響も凄まじく、Ｕインターの事務所には熱心なファンから「何で負けたんだ！」といった非難の電話もかかってきたようだ。

対抗戦のカード編成などに関して新日本と交渉に当たっていたのは、安生と鈴木健である。

髙田さんはそういったことは面倒臭がる人なので、どこまで関わっていたかは分からない。

だから、東京ドーム大会のマッチメークは新日本が一方的に決めたものではなく、Ｕインター側の意見も反映されていたはずである。ただし、興行の主催が新日本側だったため、会場でＵインターのグッズは販売させてもらえなかったと聞く。

続く対抗戦第２戦は、10月11日の大阪府立体育会館大会。こちらはＵインター主催の興行だったが、武藤戦で膝を痛めたという理由で髙田さんはここから欠場することになった。俺自身も本当は橋本戦で受けたダメージによりドクターストップがかかっており、安生からも「休んでください」と言われていたが、髙田さんが欠場して、さらに俺まで休むわけにはいかず無理を押して出場した。

俺のカードは、佐々木健介とのシングルマッチ。橋本同様、彼とも久々の再会である。この日、俺は痛み止めを飲んで試合に臨んだ。コンディションが悪かったわりには動けていたと思うが、故障を抱える俺を心配してくれたのか珍しく桜庭がセコンドについてくれた。

対抗戦では、顔も見たくない人間との絡みもあった。10月29日、マリンメッセ福岡大会での山崎戦だ。この時点で山崎氏は先輩でも何でもなく、ただのよそ者なので、俺は遠慮する気は一切なかった。試合中、思い切り頭突きを食らわし、至近距離から掌底のアッパーも入れた。膝から崩れ落ちた山崎氏の姿を見て、俺は鼻で笑ってやったが、向こうはどういう思いでUインターの人間と対峙していたのだろうか。

11月25日の両国国技館大会では、長州さんとシングルで対戦している。長州さんは相手の全てを受け止めるというタイプの選手ではなく、ある意味でプロレスの難しさを感じた。この一戦に関しては、つまらない試合になってしまったという思い出しかない。

Ｕインターと新日本の対抗戦は確かに大きな渦を巻き起こしたが、その一方で強烈な副作用も生まれている。それが安生、髙山、山本の「ゴールデンカップス」だ。

過去の経緯もあって新日本ファンから憎悪を買っていた安生は、96年に入るとブーイングを逆手に取って「２００％男」に豹変し、コミカルなヒール路線を突き進むようになった。

俺にはふざけているとしか思えなかったが、試合後に安生らが叩く憎まれ口がファンに受け、意外にもゴールデンカップスは人気を博した。関連グッズも売れ、テレビなどのメディアにも取り上げられたりして、会社に利益をもたらしたことは認める。だから、当初は黙って安生の行動を見ていた。

ところが、その試合ぶりはあまりにも〝ＵＷＦ〟からはかけ離れるようになっていき、ＷＡＲにいた冬木弘道選手との抗争では頭にパンツを被るまでに至った。これでは純粋に〝ＵＷＦ〟の試合を求めているファンが俺たちから離れてしまう。実際にゴールデンカップスが活動するようになってから友人や知人にチケットを売りづらくなったし、どんなに人気者になろうが、俺は決してゴールデンカップスを認める気にはなれなかった。

これは少しあとになってからの話だが、髙田さんに「安生たちのああいった行動は許せるんですか?」と尋ねたことがあった。

「うーん……、ちょっとやりすぎだよな」

髙田さんは俺の前で、はっきりとそう答えた。だが、その後も髙田さんは組織のトップとしてゴールデンカップスにストップをかけなかった。

会社の負債をどうにかしなければいけない。それは俺自身も十分理解していたつもりである。だが、ここまでUインターが様変わりしてしまったことを受け入れられない自分もいた。そして、俺が慕い、尊敬していた髙田さんも変わってしまった。

96年3月1日の日本武道館大会。俺はアリーナ後方の壁にもたれ、やるせない気持ちで他の選手たちの試合を眺めていた。

すぐ近くには、取材に来ていた週刊プロレス編集長のターザン山本さんがいた。俺はその場の思いつきで、こんな言葉を山本さんに投げてみた。

「天龍さんと戦いたい」

山本さんは「おお、面白いね!」と、いつもの高めのテンションで俺の話に乗ってきた。Uインターという団体から気持ちが離れた俺の目の前に、新しい道が開けようとしていた。

第12章　初めて明かす俺がUインターを辞めた本当の理由

天龍さんと試合がしたいという言葉は、本当にその場の思いつきだった。Uインターが天龍さん率いるWARと対抗戦を始めるのは、この1996年の5月からである。3月に日本武道館でターザン山本さんに声をかけたときは新日本との対抗戦の最中で、俺の発言には何の具体性もなかった。

だが、安生はすでにWARの冬木弘道選手と新日本のリングで絡んでおり、団体間に全く接点が存在していなかったわけではない。前述の通り、俺がベイダーと試合ができたのは週刊プロレスが煽ってくれたおかげだった。週プロを巻き込めば、天龍さんとの試合も何とか実現にこぎつけられるかもしれない。俺の中には、そんな淡い期待があった。

なぜ、このとき天龍さんの名前が浮かんできたのか。初めて会話を交わしたのは、新生UWFのころである。当時は毎年暮れにプロレス大賞の授賞式が行われており、俺も参加していた。新生UWFが旗揚げされた88年の授賞式で、まだ若手の域を出ていなかった俺に「今度、飲もうよ」と気さくに声をかけてくれたのが天龍さんだった。

　天龍さんは全く面識のない俺を「中野君」ではなく、「中野選手」と呼んでくれた。さらに翌89年の授賞式で再会したときには俺が肝臓を患って入院したことを知っており、「もう大丈夫なのか？」と気遣ってくれた。その飾らない人柄と相手を敬う姿勢に男としての格好良さを感じ、以来、天龍さんには憧れにも似た感情を抱くようになった。新日本との業務提携時代には前田さんが天龍さんの試合を絶賛しており、その印象も俺の中に強く残っていた。日本武道館でターザン山本さんに話しかけたとき、心の奥底にあった天龍さんに対する興味が何かの弾みでふと湧いて出てきたのだろう。

　俺の狙い通り、週プロはこの発言を取り上げてくれ、翌週号では改めてインタビュー記事も掲載してくれた。ここから話がどう転がっていくのか。俺はひとまず会社のリアクションを待った。

　実際に天龍さんとのシングルマッチは5月26日、WARの横浜文化体育館大会で実現した。当時、報道された俺の行動を時系列で整理すると、次のようになる。

　5月9日、俺は会社に無断でWARの事務所に出向き、自ら天龍さんとの対戦を交渉した。

この行動にUインターは難色を示し、ペナルティーとして5月27日の日本武道館大会出場停止という処分を下そうとする。

しかし、髙田さんが俺のWAR出場を許可するとマスコミに告げて事態は一変。5月20日に俺も改めて会見を開くことになり、そこでWAR横浜大会での天龍戦、Uインター日本武道館大会での北原光騎戦の2試合が発表される。UインターとWARの対抗戦はここからスタートし、後者の北原戦が俺のUインターでのラストマッチとなった。

そして、俺は単独で交渉してWARに出場した責任を取って5月31日付で退団。表面上は、そういう話になっている。

俺はこれまでUインター離脱の経緯を公の場で話したことはなく、退団理由についても否定も肯定もしてこなかった。だが、ここではっきりと事実を明らかにしておきたい。俺はWARの事務所には一度も行っていないし、その場所すら知らなかった。天龍さんとの試合を交渉したのは、俺ではない。

確か5月の上旬だったと思う。ある夜、鈴木健から電話がかかってきた。話を聞くと、対抗戦開催に向けてWARと交渉中だという。

新日本との対抗戦では、テーズさんを連れてのアポなし訪問などで生じたリアルな確執が結果的にその序章となった。ところが、UインターとWARの間にはそうした因縁がなく、対抗戦を始めるには何らかの取っ掛かりをひねり出す必要があった。

そこで会社が目をつけたのが週プロに載った俺のコメントだった。

「天龍さんと戦いたいと発言した中野さんが会社に話を通さずに勝手にWARの事務所に行き、対抗戦を直訴したことにしてほしい。その代わり、横浜で天龍さんと試合ができるから」

電話口でそう説得され、渋々了承した。要は俺の発言をUインターが利用したということだ。プロセスはどうであれ、天龍さんとの試合が実現するならいいだろう。俺はそう考え、悪者になることを受け入れた。

Uインターから離れること自体は、3月の日本武道館大会の時点で心に決めていた。選手契約は5月で切れる。そこで更新せずに、俺はフリーランスとして活動していくつもりだった。

だが、先の電話をもらった時点で、まだ誰にもそのことは告げていなかった。言うまでもなく、単独で交渉した責任を取っての退団というのも後づけの理由である。

WAR横浜大会の数日前、道場で練習していると、田村が「天龍さんとの試合、頑張ってください」と声をかけてきた。普段の彼は決して口数の多いタイプではなく、自分から先輩を激励することなんてまずなかった。そんな田村が珍しく口にした「頑張ってください」という言葉。もしかしたら、俺の中にあった覚悟のようなものが伝わっていたのかもしれない。その田村も俺とほぼ同じタイミングでUインターを退団し、6月にリングスに移籍する。

5月26日、ベイダー戦のときと似た気持ちの昂りを感じながら横浜文化体育館に入った。俺にとって、Uインター所属としての最後の大一番である。突き刺すような緊張感が非常に心地良く、これほど高揚感に満ちた状態でリングに上がるのは久々のことだった。入場時、花道にはたくさんのファンが群がってくれた。

リングで向かい合った天龍さんは、俺が思っていた通りの男だった。プロレスラーとしての器がとことん大きく、「どこからでもかかってこい」と言わんばかりにどっしりと構えている。当然、俺は遠慮なく行かせてもらった。天龍さんは俺の技を受け止めると、それを倍にして返してきた。

フィニッシュは天龍さんの逆片エビ固め。これが天龍さんの言う「痛みの伝わるプロレス」というやつなのか。強烈に反り上げられたため腰が麻痺し、リングを降りるにはセコンドの

1996年5月26日、WARの横浜文化体育館大会で実現した天龍源一郎戦。Uインター退団を決意していた俺にとって、大きな転機になった一戦だった。

松井の肩を借りなければならなかった。長いキャリアの中で、自分の足で控室に戻れなかったのはこの一試合だけである。だが、それは決して不快な痛みではなく、花道を引き揚げるときも俺の目はまだギラギラと輝いていた。完全燃焼できた俺は控室で爽快感に浸った。

試合後、天龍さんは「あんなに気風の良いやつがくすぶっているプロレス界はおかしいよ」と俺を労うコメントを出してくれた。本当に気持ち良く試合をさせてもらい、感謝の念に堪えない。この一戦で、俺は心の膿を全て出し切ることができた。

現役の俺がこれまでのキャリアを総括するのはまだ早いのかもしれないが、過去の試合の中からベストバウトを挙げるとすると、ベイダー戦と天龍戦の2試合になる。ベイダー戦は、でかい相手に立ち向かうという俺の根っからの反骨精神が的確に表現できた。天龍戦は、その後フリーとして生きていくことになった俺にプロの精神論を叩き込んでくれた。この2試合があったからこそ、俺は50代半ばになった今でも現役を続けられているのだと断言できる。

5月31日、俺は契約の件で髙田さんに事務所に呼ばれた。退団の決意を固めていたといっても、さすがにいきなり辞めるのもどうかと思い、この1週間ほど前に鈴木健にだけはその旨を伝えていた。

このころ、髙田さんと鈴木健がどれくらい頻繁に連絡を取り合っていたかは知らない。おそらく会社で待機していた髙田さんは、俺の意思を把握していなかった。なぜなら、会議室に入ると、テーブルの上に俺の契約書が用意されていたからだ。

俺は素直な気持ちを髙田さんにぶつけた。

「Uインターで俺のやるべきことは、もうありません」

重たい沈黙がその場を支配した。時間にして、ほんの10秒ほどだったと思う。だが、その10秒が俺にはやたらと長く感じられた。静寂を打ち破るように、髙田さんが口を開いた。

「何？　それは辞めるってことなの？」

「はい」

俺が即答すると、その場は再び静寂に包まれた。

「……分かった」

低いトーンで髙田さんが言葉を吐き出すと、まるでそれが合図であったかのように2人で同時に立ち上がり、俺は髙田さんが伸ばしてきた右手を無言で握り返した。

その日の夜、選手の中で垣原にだけは電話を入れて、Uインターを退団したことを伝えた。俺が電話口で「今日で辞めた」と伝えると、当然ながら垣原は驚きの声を上げた。

垣原とは、92年5月の大阪大会で一悶着あった。当時は強い憎しみの念を抱いたが、そうした感情も時間の経過と共に薄れ、新日本との対抗戦が始まったころには何でも話せる間柄になっていた。

すでにUインターを辞める決意を固めていた3月23日の宮城県スポーツセンター大会。俺は試合後、現地のスポンサーと一緒に垣原、金原らと食事に出かけた。このとき、ホテルまでの帰り道で垣原と雑談に興じていると、俺たちの間で「理想のUインター像」がほぼ一致した。

団体に残った後輩たちは、これからもUインターの看板を背負っていく。ここから先、会社がどうなるかは分からないが、近い志を持っていると感じた垣原にだけは自分の口から退団の事実を伝えておきたかったのだ。

晴れてフリーになった俺は、心身のオーバーホールを兼ね、2カ月ほどプロレスのことを忘れて、ゆっくりと過ごすつもりでいた。また、Uインターを退団する直前に天龍さんと気持ちの良い試合をさせてもらったことが良い意味でプレッシャーとなり、「これからも下手な試合はできない」という気持ちもあった。

退団が発表されると、俺のところにそれなりの数のオファーが舞い込んだ。最初に電話をくれたのは天龍さんで、その後に食事をご馳走になり、有意義な時間を過ごさせてもらった。

シュートボクシングからは、7月14日に有明コロシアムでビッグマッチを開催するのでキモと試合をしてほしいというオファーが来た。キモはUFCで名を馳せた選手で、当時は格闘家とプロレスラーの対戦が一つのブームのようになっており、様々なプロモーションがそういったカードを組んでいた。しかし、この話はスケジュールの都合で断り、そのあとにUインターに話が回って桜庭がキモの対戦相手になった。

前田さんのリングスからも連絡をもらい、外国人選手とのワンマッチをオファーされたが、これもスケジュールの都合で断念している。

辞めたばかりだというのに、Uインターからも「大日本プロレスのケンドー・ナガサキさんと試合をしてほしい」と連絡が来た。どうも大日本プロレスとレスラーの貸し借りでトラブルがあったらしく、その埋め合わせとして誰か選手を先方の大会に派遣しなくてはいけなくなったという。

だが、そんな話を俺のところに持ち込まれても困る。このオファーは問答無用で断り、結局Uインターが8月19日に横浜文化体育館で開催される大日本の大会に桜庭vs山本のワンマッチを無償で提供することで落ち着いたらしい。その後もUインターは同年8月から参戦するようになった初代タイガーマスクこと佐山さんの相手として俺にたびたび声をかけてきたが、それも全て断った。

結果的に俺がフリー第1戦として選んだのは96年7月27日にクラブチッタ川崎で開催されたディック・マードック追悼興行で、カードは藤原さんとのシングルマッチである。

この大会を主催したのは藤原組などの興行を手掛けていたアルファジャパン・プロモーショ

ンという会社で、共通の知人を介して連絡があり、オファーを受けることに決めた。結局、俺はオーバーホールの期間を2週間ほどで切り上げ、トレーニングを再開することになった。

それまで日本武道館や両国国技館などで当たり前のように試合をしてきた俺にとって、クラブチッタ川崎は小規模の会場である。正直なところ、当初は出場することに躊躇いを感じた。しかし、新日本の会場で俺を気にかけてくれていたマードックの追悼興行でもあるし、その大会のメインカードで相手が藤原さんというシチュエーションは、新たな一歩に相応しい舞台のようにも思えた。

この試合の直後に、天龍さんの「中野を出そう」という鶴の一声を受けたWARの海野宏之レフェリーから電話があり、即座にオファーをOKした俺は8月から準レギュラーのような形でWARに参戦するようになった。

ちょうどこのころ、古巣のUインターはWARとの対抗戦の真っ只中だった。9月11日のUインター神宮球場大会では髙田さんと天龍さんのシングルマッチが実現し、その再戦は12月13日のWAR両国大会で組まれた。

この12月の両国大会には、俺も出場している。垣原、桜庭、山本、松井といったUインターの若い連中は、わざわざ俺の控室まで挨拶に来てくれた。団体を離れてからも、こうして先輩として敬ってくれるのは嬉しいものだ。

当然、髙田さんとも同じ会場にいたことになる。しかし、いろいろと思うところがあり、この日は髙田さんとの接触を徹底的に避けた。

メインで俺は天龍さんのセコンドにつき、髙田さんとは反対側のコーナーに陣取った。ちょうど対角線上にいた髙田さんのセコンドの桜庭と目が合い、思わず頬が緩んでしまった。ほんの数カ月前までは想像もできなかった不思議なシチュエーションである。

それから2週間後、12月27日の後楽園ホール大会を最後にUインターは5年10カ月の歴史にピリオドを打った。事前に誰からも連絡はなく、俺は報道で知ったが、遅かれ早かれいつかはこうなるだろうと思っていたので、特別な感情を抱くことなく、他人事のような気持ちでその事実を受け止めた。

リングスからも、引き続きオファーはもらっていた。U系団体の中でもリングスは日本人の選手層が薄かったこともあり、前田さんが「中野を呼べないか？」と会議の席などで発言していたらしい。

しかし、WARに参戦していた関係で、どうしても数カ月先のスケジュールまで埋まってしまう。どうにも日程の調整がつかず、リングスからの話は断らざるを得ない状況が続いていた。

年が明けて、97年7月4日のWAR両国国技館大会。この興行は旗揚げ5周年、天龍革命10周年、天龍さんのデビュー20周年のトリプル記念イベントとして開催され、前田さんもお祝いに駆けつけた。

前田さんは控室にやって来るなり、大きな声で「中野、いる？」と俺を探している。

「お久しぶりです」

「お前はなんで天龍さんのところには出て、俺のところには出てくれないんだよ」

文字にすると冷たい印象を受けるかもしれないが、その口調は非常に柔らかく、前田さんなりの温かみが感じられた。

「いつもスケジュールが被ってしまい、申し訳ありません」

俺がそう答えると、前田さんは「ええよ、ええよ」と笑いながら控室を出て行った。

新生UWFが解散した際に俺が留守電をスルーした件も忘れてしまっているようで、前田さんとは笑顔で再会することができた。俺から見たら、前田さんは面倒臭い部分もあるにはあるが、このようにどこか憎めないところもある。前田さんとは今でも顔を合わせれば、普通に会話ができるし、特に何のわだかまりもない。

しかし、安生は俺とは違う感情を持っていたようだ。時代は飛ぶが、99年11月14日、UFCジャパンのNKホール大会。ここで安生が前田さんに背後から襲いかかり、殴りつけるという事件が起きた。俺はこの件を報道で知り、「安生もバカなことをやったな」という思いしか込み上げてこなかった。

聞くところによると、96年6月に行われた『FIGHTING TVサムライ』開局記念パーティーの席で安生は前田さんに小突かれたという。前田さんは愛情表現が独特で、挨拶代わりに相手の首を絞めたり、軽いパンチを入れたりすることがある。このパーティーでの一件を安生が根に持っていたという話もあるようだが、俺に言わせればそんなことをいちいち気にしていては前田さんとは付き合えない。おそらく安生なりに旧UWFのころから積もり積もったものがあったのだろう。当時を知る俺としては安生の気持ちが全く理解できないというわけではないが、何も殴ることはなかったのではないか。

話が逸れたので、時計の針を97年に戻そう。この年の夏、俺は〝UWF〟とは対極に位置する世界に初めて触れた。ジャイアント馬場さん率いる全日本プロレスへの参戦である。

当時、それまで純血路線を固持していた全日本は〝開国〟を宣言し、リングに様々な団体のレスラーが上がるようになっていた。俺自身は全日本にさしたる興味はなかったが、知人から猛烈に参戦を勧められ、成り行きで馬場さんと会うことになった。間に入ってくれたのはターザン山本さんで、事前に「金の話はしてはいけない」など馬場さんに会う上での注意事項みたいなものを告げられた。

話し合いの場所は、キャピタル東急のラウンジ『オリガミ』。その場にいたのは馬場さん、側近の仲田龍氏、山本さん、そして俺の4名で、馬場元子さんの姿はなかった。

馬場さんは開口一番、こう聞いてきた。

「いくら、ほしい？」

いきなりそんなことを言われても答えようがなく、俺は「いただけるだけで結構です」と返答するしかなかった。この日は具体的なマッチメークやファイトマネーの話はなく、山本さんにあらかじめ「全日本に出るとしてもオブライトとのシングル1試合だけ」と伝えていたので、もし正式に参戦が決まったとしても、そのワンマッチだけだろうと高をくくっていた。

ところが、数日後にフロントスタッフから「シリーズに出てください」と電話が来て『サマー・アクション・シリーズⅡ』後半戦への参戦が決定し、8月17日の戸田市スポーツセンター大会から最終戦となる9月6日の日本武道館大会まで5試合も出場することになった。その時点でカードもすでに決められており、理由は知らないが、俺が希望していたオブライト戦は組まれなかった。

初戦の戸田大会。俺のカードはバトラーツの池田大輔と組み、本田多聞&菊地毅とのタッグマッチである。会場に入ると、若いころにお世話になったラッシャー木村さんと久々に再会した。

「おう、元気か！」

人懐っこい笑顔は、昔のままである。

「墨田区の社長のところには顔を出してるか？」

本当は全く行っていなかったが、そうは言いづらく、「いえ、あまり行けていないです」とやや曖昧な言葉を返すと、木村さんは「そうか、よろしく伝えておいてくれ」とニコニコしながら自分の控室へと戻っていった。

廊下では三沢光晴さんともすれ違い、挨拶を交わした。三沢さんとは実は面識があり、新生ＵＷＦの末期に俺が深夜に高熱を出して救急病院に駆け込んだ際、三沢さんもちょうど同じ病院に来ていて、少し話をさせてもらったことがあった。

「ＵＷＦの中野と申します。三沢さん、どうされたんですか？」

「いやあ、膝がヤマいっちゃって」

「ヤマいく」とはプロレスや相撲の業界用語で「怪我をする」という意味だ。

「中野選手はどうしたの？」

「急に高熱を出してしまいまして……」

たわいもない会話だったが、飾り気のない言葉からは三沢さんの人柄が伝わってきて好印象を抱いた。

試合前には、パートナーの池田から全日本プロレスのスタイルについて説明を受けた。だが、それは俺にとって非常に窮屈なもので、この1試合を最後に全日本に出るのはやめようと思ったほどである。実際にリングに上がって試合をしてもその気持ちは変わらず、俺はこの初日の時点で全日本は肌に合わないと確信した。

その一方で、俺の本格参戦を強く希望していた選手もいた。95年から全日本のレギュラーとなっていたオブライトである。

このシリーズはUインター解散後に設立されたキングダムから髙山も参加しており、試合以外ではそれなりに楽しめた部分もあった。8月26日の札幌中島体育センター大会の試合後、俺はオブライト、髙山らと一緒に夜の街へと繰り出した。やはりかつて同じ時間を共有した仲間たちとの食事は楽しく、髙山に通訳してもらいながら久しぶりにオブライトとも喋ることができた。

「ナカノ、全日本で一緒にやろう！　ミスター・ババには俺から頼んでおくから！」

俺が来たことがよほど嬉しかったのか、オブライトはそんな提案をしてきた。しかし、俺は初日ですでに結論を出しており、考えを変えるつもりはなかった。

「悪いけど、全日本はこのシリーズで終わりにする。もう出ないよ」

俺がそう答えたとき、オブライトが見せた寂しそうな顔が今も頭から離れない。彼とじっくり会話を交わしたのは、このときが最後になってしまった。

最終戦の日本武道館大会で組まれた俺のカードは、馳浩とのシングルマッチ。この試合は内容的に納得のいくものではなく、ここで改めて触れる気もない。試合後、控室で帰り支度をしていると、百田光雄さんが来て「ギャラを振り込むから口座を教えてくれ」と言われた。そう言えば、馬場さんからキャピトル東急で「いくら、ほしい？」と言われて以降、金の話は一切していなかった。ターザン山本さんの忠告を真面目に守ったがゆえ、俺は自分のファイトマネーの金額を知らないまま全日本のリングに上がっていたのである。

さて、この97年と言えば、触れずに済ませられない試合が行われた。10月11日、会場は東京ドーム。『ＰＲＩＤＥ－1』で行われた髙田さんとヒクソン・グレイシーの一戦である。

大会当日、俺は東京ドームの観客席にいた。思うところがあって、髙田さんの控室には顔を出さなかったが、他人事ではないと感じていたのは事実である。

「仕方ないな……」

これが試合後に抱いた率直な感想だ。俺から見ても、両者の間には歴然たる実力差があったと思う。腕十字固めで髙田さんが一本負けを喫するという結末は、プロレスファン、ＵＷＦファンを絶望の淵へと追いやったかもしれない。だが、ヒクソンは最初から最後まで表情を崩さず、あらゆる面で髙田さんを圧倒しており、俺は当然の結果として受け止めた。

リングインする直前、髙田さんは一瞬、セコンドの安生と抱き合った。それは俺の知るフィジカル面もメンタル面も充実していた髙田さんの姿ではなく、そのらしくない行為を目の当たりにしたとき、寂しさを覚えた。

ただし、負けたときのリスクがあまりにも大きいことを重々承知の上で、髙田さんほどのビッグネームがあのような試合に背を向けることなく、足を踏み入れていったこと自体は本当に称賛されるべきだと思う。

この髙田さんとヒクソンの一戦を機にＰＲＩＤＥがスタートし、多くのプロレスラーや著名な格闘家が参戦したことで〝総合格闘技〟は一大ブームを巻き起こすことになるが、髙田さんに限らず〝ＵＷＦ〟の３文字を背負っているレスラーは絶対にそこから逃げることは許されない。

当然、その一人である俺も運命に抗えないことは覚悟していた。

第13章 〝UWF〟を名乗る者の宿命だったMMA出陣

他のフリーランスのプロレスラーがどういったライフスタイルを送っているかは知らないが、練習内容がジムでのウエイトトレーニング中心の選手が多いのではないだろうか。団体に所属している選手とは異なり、フリーの選手には日常的に使用できる道場がないため、そうなるのも仕方がない。

プロレスの世界では、ウエイトトレーニングを「練習」と呼ぶレスラーもいる。だが、俺はその表現にはいくばくかの違和感を覚える。決して、そういう選手を否定しているわけではないのだが、これはレスラーとしての生い立ちから来る感覚の違いなのだろう。

俺が「練習」という言葉から思い浮かべるのは、寝技や立ち技のスパーリングやミット打ちなどの対人練習だ。あくまでも個人的なニュアンスの違いなのだが、スキルを磨いたり覚えたりするのが「練習」、リングに上がるために必要なフィジカルを作るのが「トレーニング」だと捉えている。

俺のようなフリー選手が「練習」を行うには、そうした環境が整っている場所に自ら出向く必要がある。Uインターを退団してからしばらくの間、俺は以前から親交のあったシュートボクシングの創始者であるシーザー武志会長のシーザージムでお世話になった。

1998年が始まって、まだそれほど時間が経っていないころのことだ。練習を終えた俺は帰る前にシーザー会長に挨拶をしようと、会議室のドアをノックした。

「失礼します」

中に入ると、格闘技通信の元編集長で、のちにK－1イベントプロデューサーになる谷川貞治さんもいた。

「谷川さん、ご無沙汰してます」

「ああ、中野さん！　お久しぶりです。ちょうど今、横浜アリーナでやる大会の話をしていたんです。中野さんも出てくださいよ」

その大会とはシュートボクシングと修斗の合同イベントで、4月26日に開催されるという。谷川さんはこの興行のカード編成に関わっており、ちょうどその打ち合わせでジムを訪れていたところだった。

「横浜アリーナは大きな会場ですし、中野さんだったら対戦相手も大きな選手が似合いますよ！中野さんに相応しいカードを用意しますから」

オファーをいただけるのは非常にありがたいことだが、これは勢いだけで返事をしていいような案件ではない。勝手に盛り上がる谷川さんを前に、俺は答えに窮した。「せっかくここで練習しているんだし、やろうよ！」とシーザー会長も後押ししてくる。

俺は言葉を濁して、その場をやり過ごしたが、ここから俺の与り知らないところで話は勝手に進み、谷川さんは本当に〝大きな選手〟を探し出してきた。対戦相手は身長204センチ、体重310キロの超巨漢エマニュエル・ヤーブロー。アマチュア相撲の元世界チャンピオンで、UFCへの出場経験もある世界最大級のファイターである。

シーザー会長から提示されたファイトマネーに不満はなかったし、怪我をした場合の保証など条件面もかなり良く、試合までの準備期間も2カ月ほどあった。スケジュール的な問題はなかったので、俺はこのオフォーを突っぱねるだけの理由を見つけられなかった。

これで断ったら、何を言われるか分からない。〝UWF〟を名乗るプロレスラーがこうした試合から目を背けるわけにはいかないことも重々理解している。俺は覚悟を決め、初めてMMA

のリングに足を踏み入れることにした。

しかし、困ったことが一つあった。試合に向けて練習をしようにも、仮想ヤーブローに見合う体の大きなスパーリングパートナーがいないのだ。これでは相手の圧力も読めないし、間合いも掴めない。

対策を練る上で、知人の力士からもアドバイスを受けた。試合形式はラウンド制ではなく、15分1本勝負。相撲出身のヤーブローは直線的な動きしかできないはずなので、周囲を回りながら距離を取って動き、スタミナをロスさせるのが当初のプランだった。

そして、迎えた試合当日。実際にリングに上がってヤーブローと向かい合うと、ある思いが心の中で湧き上がってきた。

「プロレスラーとして、相手から逃げ回るような試合をしていいのか？」

この一戦への注目度は思いのほか高く、横浜アリーナに集まった観客は大きな歓声で俺を迎えてくれた。期待されているのは、やはりUインター時代のベイダー戦のようなファイトなのだろう。

ゴングが鳴ってすぐ、俺は相手の動きを止めるべく膝の内側にローキックを放った。だが、ヤーブローは組みつくように突進してきて、俺はその圧力に抗えずロープ際で巨体に押し潰され、そこからさらにエプロンサイドの際まで押し出された。あとから知人に「なぜリング外に逃げなかったんだ」と言われたが、俺の中には逃げるという選択肢はなかった。

この試合はPRIDEルールが採用されていたため、スタンドからの再開ではなく、俺たちはリングの中にそのままの体勢で戻された。俺の顔にヤーブローの腹が乗っかる形になり、巨大な肉の塊で鼻と口が塞がれてしまった。いわゆる〝ラッパ〟のような状態である。

俺は呼吸をしようと顔を少し横に向けたが、その体勢で首が固定されてしまい、全く身動きが取れなくなった。強引に脱出しようとすると、首の骨が折れてしまうかもしれない。

甘く考えていたわけではないが、200キロ以上の体重差は予想していた以上に〝難敵〟だった。何とか脱出する方法はないものかと考えを巡らせたが、ヤーブローもここが勝機と思ったのか微動だにしない。こうなると、もはやタップする以外に残された術はなかった。

思い出したくもない無様な負け方だった。試合後は精神的な落ち込みが凄まじく、このまま消えてしまいたいという気持ちにもなった。

だが、勇ましい姿も無残な様も、その全てを晒すのがプロレスラーである。こういうときこそ、堂々と胸を張って表に出るべきだ。試合の翌々日、俺は六本木に繰り出し、「俺がヤーブローに負けた中野だ！」と開き直って豪快に遊んだ。そうすることでしか、自分自身を鼓舞できなかったのだ。

幸いにもヤーブロー戦では入院に至るような大きな怪我を負わずに済み、何とか気持ちを立て直した俺はすぐに練習を再開した。この試合では負傷したときの治療費や入院費なども保障されていたが、プロレスでそんな条件を提示されることはまずない。この仕事をしている上で、一番怖いのは怪我や病気である。特に俺のようなフリーランスの場合は、もし長期的な入院を強いられるような状況に陥ったら、その瞬間に収入が絶たれてしまう。

そんな事態を防ぐために、俺が選択したのがリングネームの改名だった。

U系の選手の多くはキャリアの途中で改名している。選手たちにそうしたアドバイスをしていたのがシンサック・ビクトリー・ジムの会長の奥さんだった。

詳しいことは知らないが、奥さんの占いのベースは六星占術らしい。姓名判断に関しては新生UWFの社長だった神さんも信頼を置いていて、奥さんの発言は選手の間でも影響力を持っていた。

実は新生UWFのころから、奥さんには改名を勧められていた。奥さんが言うには、今の名前のままではキャリアの要所要所で大きな故障を負うことになるという。しかし、俺は本名の「龍雄」をリングネームとしても気に入っており、改名には踏み切れずにいた。

しかし、振り返ってみると、新生UWF時代には肝臓を患ったり、Uインター時代には眼窩底骨折を負ったりと、確かに病気や大怪我に見舞われていた。フリーである俺がもし同じような目に遭ったら、文字通り命取りになる。

俺はシンサック会長の奥さんに連絡し、改名について相談することにした。その結果、つけてもらった名前が「巽耀《たつあき》」である。改名したのは2000年で、奥さんからは各マスコミにリリースを流す日時まで指定された。

この「巽」も「耀」もいわゆる〝作り字〟で、パソコンでは打てないマスコミ泣かせの漢字であることは俺も自覚している。だが、男が一度決めたことだ。改名して実際に運気も良くなっていったような気がするし、俺は引退するまで「巽耀」で通すつもりでいる。

とはいえ、現役を続けていると、運気や気合いだけでは乗り切れない現実と直面するときもあった。「体力の限界」なんて台詞は吐きたくないが、それまで当たり前のようにこなせていたことを遂行できなくなったときに人は何かを悟る。おそらく、これはいかなるアスリートも一度は経験することだ。

02年9月7日、総合格闘技の『DEEP』有明コロシアム大会で俺はドス・カラス・ジュニアと対戦した。今度は5分3ラウンドのMMAマッチである。

この話を持ってきたのは元Uインターの営業だった木下雄一で、彼は当時DEEPのスタッフを務めていた。この時期のDEEPは鈴木みのるvsソラールなどU系選手とルチャドールの対決を頻繁に組んでおり、その一連の流れに乗る形で俺とドス・カラス・ジュニアのカードがマッチメークされたのだ。

木下は1カ月以上もの時間をかけ、粘り強く俺に交渉してきた。実は木下は俺がUインター時代に最もかわいがっていた営業スタッフだった。俺が退団したとき、彼は営業先の札幌におり、その話を現地で伝え聞いて涙を流したという。そんな木下からのオファーだったからこそ、俺も耳を貸したというのはある。提示された条件も、非の打ち所がない完璧なものだった。外堀を埋められ、断る理由が俺にはなくなった。やはり、この試合も避けては通れない運命にあるのだろう。そう考えた俺は、気持ちを戦闘モードに切り替えた。

現在、素顔のアルベルト・ロドリゲスとして活動しているドス・カラス・ジュニアは、その名の通りドス・カラスの実の息子で、レスリングでオリンピック代表候補にも選出されたエリートアスリートである。レスリングでは、ＵＦＣ王者になったランディ・クートゥアと互角に渡り合ったと聞く。身長１９５センチ、体重１００キロ。この時点でパンクラスの大型新人だった謙吾とは、1勝1敗の戦績を残していた。

事前の予想としては、テイクダウンを奪うのはさすがに難しいだろうと思った。そこで打撃で崩して自分のリズムに持ち込むというのが俺の描いた作戦だった。

そのころ、シーザージムには総合格闘技の有名選手も訪れていたので、俺は専門家に意見を聞いた。

「いや、中野さん、打撃で行くのはやめておいたほうがいいです」

プランを全否定され、俺は言葉を失った。その選手の説明によると、ドス・カラス・ジュニアはメキシコでオリンピックアスリート並みの練習を積んでおり、元ＵＦＣ王者で柔術家のマルコ・ファスの道場にも自費で出稽古に出向いているとのことだった。彼にとって俺との試合は謙吾に敗れたあとの再起戦になり、勝利に向けて並々ならぬ意欲を燃やしているという。

俺は打撃と寝技、そのどちらにも対応できるように準備を進めていく必要に迫られた。このとき37歳。旧UWFでデビューしてから、すでに20年近い歳月が過ぎようとしていた。

試合と練習で酷使してきた俺の体は、週5日のハードワークには耐え切れなかった。大会まであと1週間というタイミングで俺の腰は悲鳴を上げ、歩くことはおろかベッドからも降りられない状態になってしまった。

俺は自分の肉体が限界に差し掛かっていることを悟った。年齢的にも総合格闘技のリングで試合をするのは、もう無理だ。実際に、このドス・カラス・ジュニア戦が俺にとって最後のMMAマッチとなる。

一時は出場を諦めかけたものの、試合の3日ほど前にコンディションは何とか歩けるまでに回復した。リングに上がり、ドス・カラス・ジュニアと向き合ったとき、彼の肉体が写真や映像で見るよりも大きく感じた。入場テーマは、〝あの曲〟だった。まさか自分の試合で「スカイハイ」を聞くことになるとは思いもしなかった。

胴タックルに来たドス・カラス・ジュニアの首をフロントチョークで捕えたとき、「これで極まる」という感触はあった。場所はロープ際である。相手の胴に両脚を絡めて絞め上げることもできれば、どさくさに紛れてDDTのような形で相手を頭から場外に落とすこともできた。

ところが、俺はドス・カラス・ジュニアの行為によって、その2つの選択肢を奪われてしまった。親指を1本、掴まれたのである。明らかに反則なので俺はレフェリーに注意を促したが、聞き入れてはもらえなかった。無理に動くと、親指が折れる。だが、このままでは絞め上げることもできなければ、動くこともできない。試合は膠着し、俺は最大のチャンスを逃がしてしまった。

ブレイクがかかって離れたあと、「打撃はやめたほうがいい」というアドバイスが頭から離れなかった俺は打ち合うことを躊躇した。確かに圧倒的なリーチ差があり、打撃で勝負するのは難しかったかもしれない。

俺はテイクダウンを取られ、マウントポジションからパンチを浴びると、思わず背を向けてしまった。決まり手はスリーパーホールド。厳密には首は捕られておらず、強烈な力で顎を絞められ、苦しさのあまりタップしてしまった。こんなことは滅多にないのだが、試合後に俺の歯は付け根からポッキリと折れていた。

MMAで2連敗。この戦績を笑いたいやつは、笑えばいい。だが、やってみないことには何も得られないし、語る資格もない。繰り返しになるが、結果がどうなろうと、〝UWF〟の3文字を背負っているからには、こうした試合から逃げることは許されない。その宿命に逆らえないのは、あの人も同じだった。

「おう、たっつあん、元気か？　頑張ってんじゃん」

突然鳴った携帯電話。着信画面に表示された名前を見て、俺は懐かしさと驚きを同時に覚えた。

髙田さんの声を聞くのは、96年5月にUインターの会議室で握手を交わし、別れて以来のことだった。この電話があったのは、02年の9月下旬か10月上旬だったはずである。かなり久しぶりの会話だったにも関わらず、髙田さんのフランクな口調が約6年数カ月分の空白を一気に埋めてくれた。俺の中にあったわだかまりは、瞬時にして消えた。

「今度、引退試合をやるんだよ」

11月24日、東京ドームで開催される『PRIDE－23』。ここで髙田さんは現役最後の試合に臨むことになったという。対戦相手は、俺と同様にUインター離脱以来、疎遠になっていた田村。95年8月の「真剣勝負してください」発言に引退試合で応じるとは、いかにも髙田さんらしい幕の引き方である。

「この大会には、Uインター出身の選手たちみんなに出てもらいたんだよ。どうだ、出てくれないか？　たっつあんが試合をしたい相手も探すから」

「試合をしたい相手と言われても、俺はドス・カラス・ジュニアに負けたばかりですし……」

「そんなの関係ねえよ。だったら、俺はどうなるんだよ」

その自虐的な言葉の意味は、改めて説明するまでもないだろう。髙田さんは空気を和ませようとして「俺なんかヒクソン・グレイシーに2回も負けたんだぞ」と遠回しに言ったのかもしれないが、笑っていいものかどうか少し迷った。

「前向きに考えて、返事をくれ」

「いつまでに返事をすればいいですか？」

「明日まで」

「明日……ですか!?」

だが、髙田さん直々の申し出に対して、答えを24時間以内に出せるわけもなく、2～3日ほどの猶予をもらった。

このとき、髙田さんはまだ40歳だった。リングでやれることは、まだあるのではないか。話が一段落したあと、俺はこう切り出した。

「なぜ引退するんですか？　もったいないですよ。プロレスだけでもやったら、どうですか？」

「いや、もう……もう、いいんだ」

勘弁してくれよと言わんばかりのウンザリとした口調に、髙田さんの本音が読み取れた。その言葉は非常にシンプルなものではあったが、強い説得力を帯びており、俺の心に深く突き刺さってきた。これ以上、聞くのは野暮である。俺は数日後にオファーの返答をすることを約束し、電話を切った。

気持ちはかなり揺らいだが、ドス・カラス・ジュニア戦でＭＭＡにおける自分の限界を悟ったばかりである。中途半端なコンディションで、髙田さんと同じリングに立つわけにはいかない。２日後、俺は髙田さんの携帯電話に連絡を入れ、留守電にメッセージを吹き込んだ。

「申し訳ありません。今回のお話は辞退させていただきます」

数時間後、髙田さんから折り返しの連絡が入った。今度は俺が電話に出られず、髙田さんがメッセージを吹き込んでくれた。

「留守電を聞いたよ。分かった。今回は諦めるけど、また何かあったら声をかけるから」

Uインター時代にはいろいろあったが、それは俺が憧れた、強くて、格好良くて、何事にも動じない、あの髙田さんの声だった。

これでもう十分である。会場に行ったところで、俺にできることは何もない。試合当日は髙田さんの友人や知人、そしてUインター出身の選手たちが駆けつけるだろう。〝その他大勢〟の一人になりたくなかった俺は、あえて会場には行かないという方法で髙田さんを見送ることにした。

大会当日、俺は新宿で友達と遊んでいた。時計の針が夜10時を回ったころ、携帯電話が鳴った。

「今、どこにいるの？」

声の主は、東京ドームで大会を観戦していた友人だった。引退試合を終えた髙田さんがリング上から「Uインター出身のやつら、ちょっと上がってこいや」とマイクで一人ひとり選手の名を挙げ、最後に俺が呼ばれたという。

「髙田さんが呼んでるよ！」

この夜は、同様の電話が3件ほどかかってきた。今から急いで東京ドームに向かったところで間に合うわけはないが、名前を出してもらえたのはありがたかった。

髙田さんへの感情は、「お疲れ様でした」なんてありきたりな言葉では表現しきれない。お互いに何らかの形でプロレス、格闘技に関わっていれば、またいつかゆっくり話せる機会が訪れるだろう。

15年3月には安生がラストマッチを行い、現役を引退した。これで旧UWF、新生UWF、UWFインターナショナルの3つの〝U〟全てに身を置いた現役選手は俺だけになってしまった。

同じ時代を生きた選手たちの多くはリングを降りてしまったものの、どうやら〝UWF〟にはまだやるべきことが残されているようだ。16年5月上旬、超戦闘プロレスFMWの関係者から突然、電話がかかってきた。

「中野さん、今ウチとUWFが対抗戦をやっているのですが、ご存知でしょうか?」

超戦闘プロレスFMWとは、大仁田厚さんが率いたFMWの流れを組むインディー系のプロモーションである。その超戦闘プロレスFMWと船木や髙山らの『UWF連合軍』が4月27日の後楽園ホール大会を皮切りに対抗戦をスタートさせ、満員の観客を動員するなど話題となっていた。俺もそうした試合が行われていることは知っていたが、自分とは全く関係のない世界での出来事のように思え、「またバカなことをやってるな」くらいの印象しか抱いていなかった。「どうして中野選手は出ないんだという問い合わせがいくつも来ているんです。だから、どうしても出場していただきたいんです」

〝UWF〟の歴史を振り返ってみると、大仁田さんとは常に水と油の関係だった。88年12月22日、大仁田さんは新間寿さんが立ち上げた『世界格闘技連合』のメッセンジャー役として新生UWFの大阪府立体育会館大会に来場し、前田さんへの挑戦状を持参するも、社長の神さんから「チケット持ってますか？」と門前払いを食らった過去がある。

また、Uインターが絶頂期にあった90年代前半、スタイル的に全く真逆である電流爆破デスマッチで一世を風靡したのが大仁田さんだった。

そうした歴史的背景を鑑みると、俺が超戦闘プロレスFMWのリングに上がる〝意味〟はあるのか？　しかし、ファンの要望があるのなら、断る理由はない。

「分かった。ただし、デスマッチはやらない」

〝UWF〟で育った選手として、越えてはいけない一線というものがある。この「デスマッチはやらない」は、俺から出した唯一の条件だった。

ところが、ひょんなことからその一線を踏み越えてしまうことになる。俺が出場した6月21日の後楽園ホール大会は全5試合が組まれ、第2試合と第3試合とメインイベントは有刺鉄線デスマッチだった。俺とアレクサンダー大塚が組み、田中将斗&バッファローと対戦するセミファイナルは通常のプロレスルールの予定だったが、進行上の都合でセミだけ有刺鉄線を外してロープに張り替えるのはどうしても無理だという。

「申し訳ありませんが、今回はデスマッチでお願いします」

スタッフからそう頭を下げられた俺は、了承するしかなかった。人生初のデスマッチが決まり、俺は試合の3日前から寝つきが悪くなった。横になっても、なぜかすぐに目が覚めてしまう。

試合当日は、藤原さんや船木、長井たちと同じ控室だった。俺はこの日のためにコスチュームを新調したのだが、それを見て藤原さんが声をかけてきた。

「お前、それを着るのか？　ボロボロになるぞ！」

周りを見渡すと、他の選手たちは迷彩服やジーンズを着用している。新品のタイツを持参してきたのは俺だけで、しかも有刺鉄線に囲まれたリングで試合をするというのに上半身は裸だった。確かに大仁田さんも試合のときはタンクトップを着ていたし、有刺鉄線マッチで上半身に何かを羽織るのは常識らしい。俺は腹を括ってリングに上がったものの、やはり有刺鉄線に気を取られ、なかなか試合に集中できなかった。

この対抗戦に関しては賛否両論あったようで、〝FMW〟と絡むことに違和感を覚えた純粋なUWFファンもいたかもしれない。しかし、会場の観客の熱狂度は非常に高かったという印象がある。結局、この対抗戦は11月24日の後楽園大会まで続いたが、俺自身は有刺鉄線に頼ることなく、いつものスタイルを貫き、それなりに存在感は示せたのではないかと思っている。

当初はあまり気乗りしなかったが、結果的に超戦闘FMWではやりがいのある試合ができた。このようにフリーで活動していると、いろんな人を通じて、いろんな話が舞い込んでくる。当然、即NGと判断せざるを得ない案件もあったが、この上ない喜びを感じるオファーもあった。

19年1月下旬、DDTプロレスリングは「最後の博多スターレーン大会に中野巽耀の参戦が決定」と発表した。

プロレス界で「西の聖地」と呼ばれ、旧、新生、Uインターと〝UWF〟とも関りの深いこの会場は、老朽化により同年4月1日をもって閉鎖され、取り壊されることになった。そこでDDTが3月31日に同会場のプロレス最終興行を開催し、その大会に〝博多男〟の俺が出る運びとなったのだ。

だが、これはフライングの発表であり、俺はこの時点で参戦を了承していないどころかオファーすら受けていなかった。事実を確認すべく、俺は旧知の間柄であるDDT社長の高木三四郎に「どういうことなんだ?」とメールを打った。

高木から、すぐに折り返しの電話があった。

「中野さん、ご無沙汰しております。申し訳ありません。話が前後しましたが、最後の博多スターレーン大会に絶対に出ていただきたくて……」

順番はメチャクチャではあったが、俺としては非常に嬉しい申し出であり、即座にOKした。

博多スターレーンは、俺を育ててくれた思い入れのある会場だ。その最終興行のリングに特別ゲストのような形で呼ばれたわけだから、光栄以外の何物でもない。俺はプロとして期待に応えるべく、3月31日に向けてコンディション調整を開始した。

ところが、好事魔多し。3月に入ってすぐに腰と左足が壊れてしまい、俺は歩くのもままならくなってしまった。どうやら古傷が悪化したようだった。試合の前日になっても症状はあまり改善せず、絶望感に駆られた。

「試合は無理でも、せめて挨拶くらいはしよう。とにかく博多には行かなければ……」

当日は知人がアテンドとして羽田空港から現地まで同行してくれ、何とか会場まで辿り着くことはできた。

だが、これはプロレスラーの性なのか、会場に入るとスイッチが入り、頭の中から「欠場」という選択肢は一瞬にして消えた。俺は痛み止めを飲み、左足をテーピングでガチガチに固めて試合に備えた。

この日はシングルマッチで、相手は渡瀬瑞基という初対戦の若手である。このシチュエーションならば、フィニッシュは「シャチホコ固め」以外にない。

お客さんも喜んでくれたようで、試合後には大きな「中野」コールを送ってくれた。俺は胸を張り、ガッツポーズでそれに応えた。

試合に勝利したあとに、俺は必ずと言っていいほどガッツポーズを作る。これは別に勝った

2019年3月31日にはDDTが開催した博多スターレーン最終興行に出場。フィニッシは、やはりシャチホコ固め。これは本当に嬉しかったオファーで、メモリアルな日に「博多男」としての役目を果たせたと思っている。

という事実を誇示しているわけではない。

「これだけの試合をやったんだ。文句ないだろう？」

プロとして、そう見栄を切っているのだ。

俺のコンディションや動き、一つひとつの技、そして試合内容など、全てにおいて「どうだ、満足したか？」とお客さんに問う。それが俺のプロとしてのプライドであり、試合後に胸を張ってガッツポーズを取れるかどうかは現役を続けていく上での重要なバロメーターになっている。

場内に流れる勝者のテーマが俺の入場曲「あしたのジョー2」から、「UWFのテーマ」に切り替わった。粋な演出ではないか。

この日、博多スターレーンに集まった観客の中に新生UWF時代の内藤戦や船木戦などをリアルタイムで観戦した人がどれほどいたかは定かではない。だが、長年のファンなのか、UWFのTシャツを来て駆けつけてくれた人たちもいたし、中には泣いている人もいた。

俺がリングに立たなければ、最後の日に博多スターレーンでUWFのテーマ曲が流れることはなかっただろう。〝博多男〟の使命を無事に全うできて安堵しただけでなく、ここまで現役を続けてきて本当に良かったと思えた瞬間だった。

大会終了後にはファンを見送るため、博多スターレーンの関係者たちが会場出口に並んだ。俺はメインイベントが終わるとすぐに出口へと向かい、その関係者一人ひとりと握手を交わし、「お疲れ様でした」と労をねぎらった。ここに足を運ぶのも今日が最後である。帰り支度をして会場を出ると、俺は博多スターレーンに向かって「ありがとうございました」と深々と頭を下げた。

全ては結果論である。茨城出身の俺にとって、博多は縁もゆかりもない土地だった。「博多男」というニックネームも「シャチホコ固め」という技も、狙って編み出したものではなく、偶発的に誕生したものだ。思えば、〝UWF〟の一員になったことも同じである。俺は旧UW

Fに憧れたわけではなく、そこに入るしかプロレスラーになる道がなかったのだ。

だが、その全ての結果が今では俺が生きてきた証になっている。今の日本のプロレス界で、〝UWF〟自体はほぼ消滅したと言っていい。正直に言えば、〝UWF〟の内幕を暴いた書籍が出るたびに「またかよ……」という気持ちになる。

しかし、その一方で〝UWF〟に夢を見て、今でも俺に声援を送ってくれるファンもいる。そうしたファンを裏切ることはできない。「Uは終わった」と言われようが、システマティックで行儀のいいプロレスが持て囃されようが、俺には〝UWF〟しかないのである。

俺はこれからもロープには飛ばないし、レガースから〝UWF〟の3文字を外すこともない。あらゆる分野で効率化が叫ばれる今の時代、こんな生き方しかできないプロレスラーが一人くらいいてもいいだろう。

あとがき　私的〝UWF〟進化論

〝UWF〟は2000年代の総合格闘技ブームを境に、ファンの見方が大きく変わった。そのことは俺も理解している。俺自身はプロレスの世界に憧れて、旧UWFの入門テストを受けた。だから、自分をプロレスラー以外の何者でもないと思っているし、道場では〝格闘技〟の練習しかしてこなかったため格闘家でもある。

その〝UWF〟が発展した先に、現在の〝MMA〟があるのか——。その答えは、俺には分からない。ただ一つ言えるのは、俺が〝UWF〟の道場で習得した技術の多くは現代のMMAでは通用しないということである。

だからと言って、俺たちがやってきたことが無意味だったとは思わない。難しく考える必要はないのだ。時代の流れの中で、良いものは取り入れ、不要なものは捨てる。それだけのことである。これはいわゆる「進化」というやつだ。

俺自身、MMAマッチで敗れたあとに最新の技術を学ぶため若い選手たちに頭を下げて教えを乞うた。実際にキックボクシングや柔術からは学ぶ点が多く、そうした技術の進化に対応していくことも〝ＵＷＦ〟を背負った者の使命ではないかと感じた。実際に新生ＵＷＦのころと今とでは、スタンドでの構えは変わっている。20代のころよりも、50歳を過ぎた現在のほうが蹴りはスムーズに出せるようになった。

今のところ、引退は考えていない。最近は年に数試合をこなすだけだが、まだまだリングに上がるだけの体力も気力もある。

とはいえ、俺一人で〝ＵＷＦ〟を守っていくなんて大袈裟なことを言うつもりはない。俺は現役を続けながら、これからも自分なりの方法論で進化する技術を追求していくつもりだ。確固たる信念を貫き、地道な努力を忘れず、心に熱く燃えたぎっているものがあれば、年齢を重ねようが肉体も精神も衰えないということを証明する。

そして、そうした姿から〝ＵＷＦ〟を感じて取ってくれれば、俺はそれでいい。

G SPIRITS BOOK Vol.11

私説ＵＷＦ 中野巽耀自伝

2020年3月1日 初版第1刷発行

著　者　中野巽耀
編集人　佐々木賢之
発行人　廣瀬和二
発行所　辰巳出版株式会社
〒160-0022 東京都新宿区新宿 2-15-14 辰巳ビル
TEL：03-5360-8064（販売部）
TEL：03-5360-8977（編集部）
印刷・製本　大日本印刷株式会社

編　　集　藤本かずまさ（株式会社プッシュアップ）
デザイン　佐瀬順一（セコンドワークス）
写真提供　原悦生、山内猛、DDTプロレスリング（松尾亜伊里）

Printed in Japan
ISBN 978-4-7778-2426-7